Britta Heithoff

Kaffeeliebe

Espresso-, Brüh- & Filtertechniken

FRANZIS

Britta Heithoff

KAFFEELIEBE

Espresso-, Brüh- & Filtertechniken

FRANZIS

Bibliografische Information der Deutschen Bibliothek

Die Deutsche Bibliothek verzeichnet diese Publikation in der Deutschen Nationalbibliografie;
detaillierte Daten sind im Internet über http://dnb.ddb.de abrufbar.

Alle Angaben in diesem Buch wurden von der Autorin mit größter Sorgfalt erarbeitet bzw. zusammengestellt und unter Einhaltung wirksamer Kontrollmaßnahmen reproduziert. Trotzdem sind Fehler nicht ganz auszuschließen. Der Verlag und die Autorin sehen sich deshalb gezwungen, dass Sie weder eine Garantie noch die juristische Verantwortung oder irgendeine Haftung für Folgen, die auf fehlerhafte Angaben zurückgehen, übernehmen können. Für die Mitteilung etwaiger Fehler sind Verlag und Autorin jederzeit dankbar. Internetadressen oder Versionsnummern stellen den bei Redaktionsschluss verfügbaren Informationsstand dar. Verlag und Autorin übernehmen keine Verantwortung oder Haftung für Veränderungen, die sich aus nicht von ihnen zu vertretenden Umständen ergeben.

© 2018 Franzis Verlag GmbH, 85540 Haar bei München

Alle Rechte vorbehalten, auch die der fotomechanischen Wiedergabe und der Speicherung in elektronischen Medien. Das Erstellen und Verbreiten von Kopien auf Papier, auf Datenträgern oder im Internet, insbesondere als PDF, ist nur mit ausdrücklicher Genehmigung des Verlags gestattet und wird widrigenfalls strafrechtlich verfolgt.

Die meisten Produktbezeichnungen von Hard- und Software sowie Firmennamen und Firmenlogos, die in diesem Werk genannt werden, sind in der Regel gleichzeitig auch eingetragene Warenzeichen und sollten als solche betrachtet werden. Der Verlag folgt bei den Produktbezeichnungen im Wesentlichen den Schreibweisen der Hersteller.

Autorin: Britta Heithoff; unter Mitarbeit von Sandra Götting, Mario Joka und Erna Tosberg
Leitung Produktmanagement: Florian Greßhake
Layout & Satz: G&U Language & Publishing Services GmbH, Flensburg
Lektorat: Frank Berninger
Covergestaltung: www.ideehoch2.de
Druck: aprinta druck GmbH, Wemding

ISBN 978-3-645-60612-7

Inhaltsverzeichnis

Kaffee – eine große Liebe   8
Sandra und Mario – die roestbar-Gründer   12
Erna – die Barista-Meisterin   15
Die roestbar – eine Institution   18
Kaffee – Genuss in Wellen   26

Vom Anbau bis zur Röstung   34
Der Anbau – eine Frage des Klimas   36
Kaffee – eine besondere Pflanze   38
Die Frucht – Bohne? Oder Kirschkern?   48
Arabica, Robusta – und mehr   50
Die Ernte – eine saisonale Sache   53
Die Aufbereitung – ein entscheidender Schritt   60
Blends – auf die Mischung kommt es an   67
Entkoffeiniert – mit Genuss   68
Instant – die lösliche Form   69
Spezialitätenkaffee – aus Überzeugung   70
Unterwegs – der Transport   74
Rösten – mit Fingerspitzengefühl   76
Die schonende Trommelröstung   80
Frisch – und lagerfähig   87

Zubereitung – „Kaffee kochen" mit Konzept   92
Zubereitung   95
Extraktion   98
Brühparameter   100
    Wasser   100
    Härte   101
    pH-Wert   102
    Alkalinität   102
    Wasseroptimierung   103
    Mahlgut   105
    Vermahlung   106
    Mühlenarten   115
    Zeit   120
    Turbulenzen   121
    Das Zusammenspiel der Brühparameter   122
    Finetuning   123
Zubereitungsmethoden   124
Brühvorgang   132
Brüh- und Filtermethoden   133
    Direktaufguss   135
    Pressstempelkanne   140

Clever Dripper	144
Handfilter	148
Karlsbader Kanne	166
Aeropress	169
Vakuum-Kaffeebereiter	174
Cold Brew	179

Espresso & Mocca ... 182
    Herdkännchen ... 183
    Siebträger ... 188
    Mahlen & Dosieren ... 200
    Verteilen & Verdichten ... 203
    Einsetzen & Brühen ... 212
    Woran erkenne ich einen guten Espresso? ... 216
    Unterextraktion ... 220
    Überextraktion ... 221
    Milch aufschäumen ... 222
    Latte Art ... 230

Maschinenreinigung und -pflege ... 234
    Siebträger ... 235
    Brühgruppe ... 236
    Dampflanze ... 238
    Mühle ... 238
    Wartung ... 238

Rezepte für Getränke auf Espressobasis ... 240
    Espresso ... 241
    Espresso Macchiato ... 242
    Cappuccino ... 243
    Flat White ... 244
    Milchkaffee ... 245
    Latte Macchiato ... 246
    Americano ... 247
    Caffè Latte auf Eis ... 248
    Affogato ... 249
    Espresso Tonic ... 250

Sensorik ... 252
Die Durchführung eines Cuppings ... 257

Kaffeegenuss und Kaffeehauskultur — 262

Kaffeegenuss – das Zuhausegefühl ... 264
Outdoor – Kaffee auf Reisen ... 266
Kaffee – gerne in Begleitung ... 268
Kaffeehauskultur – damals und heute ... 272
Das Kaffeehaus – ein Ort der Inspiration ... 278
Die Lightray roestbar – ein ganz besonderes Café ... 282

Auszeichnungen der roestbar ... 287
Bildverzeichnis ... 288

Schließen Sie die Augen und denken Sie an einen richtig guten Kaffee.

Was kommt Ihnen in den Sinn?

Der unverwechselbare Duft beim Mahlen frischer Bohnen?

Kindertage, an denen Ihre Mutter dampfenden Kaffee aufgoss?

Ein Espresso, am Urlaubsort genossen?

Eine großartig gedeckte Kaffeetafel mit Torten und Kuchen?

Der erste Kaffee am Morgen eines schönen Tages?

Oder die späte Tasse nach einem exzellenten Abendessen?

Vielleicht denken Sie auch an Ihren Lieblingsbarista, der vor Ihren Augen eine perfekte Kaffeespezialität zubereitet.

Oder daran, wie der frisch gemahlene Kaffee in den Papierfilter rieselt.

An den Cafébesuch an einem schönen Ort ...

Oder an die Tasse, die Ihnen morgens liebevoll ans Bett gebracht wird ...

KAFFEE

– eine große Liebe –

Kaffeeliebe – sie berührt uns und ist ein facettenreiches Thema, das Wissen, Können und Genuss umfasst. Wie und wo wächst der Kaffee? Auf welche Weise wurde er geerntet, begutachtet, sortiert, weiterverarbeitet, gelagert und geröstet? Wie wird er zubereitet? Wie und wo genieße ich ihn? Viele Fragen führen uns zu gutem Kaffee, einige Antworten gibt dieses Buch.

Vom zarten Pflänzchen, das in den Ursprungsländern am „Kaffeegürtel" rund um den Äquator heranwächst, gedeiht und dann Kaffeekirschen tragen wird, bis zum vollendeten Genuss einer guten Tasse ist es ein weiter Weg, nicht nur geografisch. Unzählige Faktoren machen aus dem kleinen Keim am anderen Ende der Welt die exzellente Bohne, die perfekt geröstet und auf vielfältige Weise zubereitet zum Kaffeegenuss wird.

Kaum jemand kann zu diesem Weg und Spezialgebiet so viel Expertenwissen, Kaffeeverrücktheit und Liebe beisteuern, wie die münsterschen roestbar-Gründer Sandra Götting und Mario Joka sowie die preisgekrönte Expertin Erna Tosberg, zweifache deutsche Baristameisterin, Leiterin der roestbar Kaffeeschule und international anerkannte Jurorin.

Diese drei Kapazitäten ihrer Branche konnten wir gewinnen, ihr außergewöhnliches Kaffeewissen für dieses Buch mit uns zu teilen. Sie haben für diese Veröffentlichung wissenschaftliche Grundlagen geliefert, Recherchen vorangetrieben, geforscht, analysiert, mit leuchtenden Augen erzählt, aus dem Nähkästchen geplaudert, vor unseren Augen geröstet und uns natürlich auch erstklassigen Kaffee zubereitet.

Tauchen wir also ein in ein spannendes Thema voller Wissen (Kaffee, was ist das eigentlich?), Können (Wie bereite ich eine richtig gute Tasse zu? Welche Hilfsmittel sind sinnvoll? Wie erreiche ich eine Wiederholbarkeit der Qualität?) und Genuss (Wir lieben Kaffee einfach! Und Sie?).

Sandra und Mario – die roestbar-Gründer

Wer sich die „Kaffeespezialisten-Landschaft" ansieht, wird feststellen, dass weit über 90 Prozent der Selbstständigen in dieser Branche Quereinsteiger sind. Kaum einer wird strategisch auf eine Karriere als Barista oder auf den Aufbau einer Rösterei hingearbeitet haben. So war es auch bei Sandra Götting und Mario Joka, die mit ihrer roestbar als Pioniere unter den deutschen Spezialitätenkaffee-Experten gelten ...

In einer stillen Stunde der Silvesternacht 2002/2003 reifte die Idee der roestbar-Gründer Sandra Götting und Mario Joka, aus ihrer neuen Liebe zu frisch geröstetem Kaffee etwas mehr zu machen: eine gemeinsame Selbstständigkeit. Die gelernte Augenoptikerin und der Kaufmann und Tischler waren eigentlich ganz normale Kaffeetrinker, hatten sich aber ein paar Monate zuvor einen kleinen Röster gekauft – so, wie sich Hobbyköche vielleicht mal eine besonders gute Pfanne leisten. In der heimischen Küche ließen sie die ersten Bohnen knacken, rösteten in mühsamer Handarbeit Kleinstmengen. Hundert Gramm Rohkaffee zu verarbeiten dauerte seine guten fünfzehn Minuten. Sie probierten aus, experimentierten, luden Freunde zu improvisierten Kaffeeverkostungen ein, ließen sie auf Abreißzetteln über den Geschmack abstimmen – und sie bekamen Spaß an der Sache, vor allem an dem enormen Zugewinn an Genuss.

Ein paar Hände selbstgerösteter Bohnen waren für Sandra Götting und Mario Joka ein Schatz. Wer Glück hatte, bekam ein kleine Menge davon zum Geburtstag oder zu Weihnachten geschenkt und begann plötzlich ebenfalls, den Unterschied zu schmecken.

Erfolg aus Liebe zum Genuss – so entstand ein Unternehmen, das die deutsche Spezialitäten-kaffee-Landschaft prägt. Sandra Götting und Mario Joka stehen zu ihrer „Kaffeemacke".

Eine Handvoll Kaffee und eine große Portion Mut

Richtig guter, mit Bedacht gerösteter Kaffee aus ausgewählten Bohnen: „Daraus müssten wir doch mehr machen können!", beschlossen Götting und Joka in ebendieser für sie schicksalhaften Silvesternacht.

Mit der gemeinsam getroffenen Entscheidung, den darauffolgenden Schritten vom Existenzgründerseminar über das Über-die-Schulterschauen beim Hersteller der Röstmaschinen und üben, üben, üben bis hin zur Eröffnung der ersten kleinen roestbar mit nur drei Tischchen begann die Erfolgsgeschichte derer, die noch heute als Pioniere der Spezialitätenkaffeebranche in Deutschland gelten und pro Jahr inzwischen viele, viele Tonnen Rohkaffee verarbeiten, der in mehreren eigenen roestbar-Kaffeehäusern, aber auch deutschlandweit von Flensburg bis Garmisch in Privathaushalten und Büros, Cafés und Restaurants von Experten gefeiert und von Genießern wertgeschätzt wird.

Zahlreiche Auszeichnungen und Gütesiegel bestätigen das, was jeder von uns schmecken kann. Frisch gerösteter und mit Wissen, Können und Liebe zubereiteter Spezialitätenkaffee ist einfach etwas Besonderes. Und das ist auch der Grund, warum wir mit diesem Buch und dem roestbar-Fachwissen genauer hinschauen. Auf das, was wir und viele, viele andere Genießer lieben: Kaffee.

Erna – die Barista-Meisterin

Eigentlich waren es die sozialen Aspekte, die Erna Tosberg am Thema Kaffee schon immer faszinierten: das Sich-Zeit-Nehmen, das Pause-Machen, das Zusammenkommen für eine Tasse oder Kanne. Unterschiede in punkto Qualität und Geschmack hat sie dann als studentische Aushilfe in der münsterschen roestbar kennen- und schätzen gelernt. Heute ist sie (unter anderem) zweifache deutsche Barista-Meisterin und erfahrene Jurorin bei internationalen Meisterschaften …

Klassische Archäologie, Alte Geschichte, Philosophie … als Studentin lernte Erna Tosberg bei einem Erasmus-Aufenthalt in Venedig die Vorzüge eines richtig guten Espresso kennen. Angefixt durch diese italienische Leidenschaft heuerte sie nach ihrer Rückkehr an ihren Studienort Münster bei der roestbar an. Denn sie wusste, dass sie hier Qualität finden und exzellente Kaffeeskills erlernen konnte. Aus dieser studentischen Aushilfstätigkeit wurde über die Jahre eine vielfach preisgekrönte Passion.

Beim ersten Cupping hat es Klick gemacht. Die Komplexität, die Vielschichtigkeit und die Challenge, aus einem Kaffee möglichst viel herauszuholen, beflügelten Ernas Entscheidung, nach dem Studienabschluss weiterzulernen. Aber nicht wie zunächst geplant durch ein Promotionsprojekt in ihrem Fach Archäologie, sondern rund um ihr neues Lieblingsthema: Kaffee.

Gefördert durch die roestbar-Gründer Sandra und Mario, begann Erna, sich reinzuknien. In die Kaffeewissenschaft, in das Barista-Business, in die Feinheiten der Chemie – und zwar in doppeltem Sinne. Denn Kaffee ist nicht nur ein Werkstoff und Produkt verschiedenster Zusammenhänge, Kaffee ist auch ein hochemotionales Thema. Wenn die Chemie in jeder Hinsicht stimmt, dann passiert Großartiges.

Ernas Kaffeekarriere

Die Kaffeekarriere der Wissenschaftlerin und preisgekrönten Barista liest sich rasant:

Seit 2007 Barista in der roestbar, 2012 Gründung der roestbar Kaffeeschule, seit 2013 „authorized specialty coffee association trainer" (AST), im selben Jahr auch die erste Teilnahme an der Deutschen Barista Meisterschaft der Speciality Coffee Association (SCA) in Berlin und gleich den 1. Platz belegt, 2014 als deutsche Teilnehmerin bei der Barista Weltmeisterschaft (WBC) in Rimini bis ins Halbfinale unterwegs und den 12. Platz belegt, im Folgejahr die zweite Teilnahme an der Deutschen SCA Barista Meisterschaft, diesmal in München. Ergebnis: wieder der 1. Platz!

2016 reiste Erna als deutsche Teilnehmerin der Barista Weltmeisterschaft (WBC) nach Dublin, schaffte es ins Halbfinale und errang den 10. Platz (und damit das beste deutsche Ergebnis bei Barista-Weltmeisterschaften bisher). Inzwischen ist sie als einer von nur zwei deutschen zertifizierten Sensorik-Juroren (WCE Judges) international bei Barista-Meisterschaften (World Barista Championships, World Brewers Cups) angefragt und eingesetzt, damit ist ein großer Traum für sie (und die roestbar!) in Erfüllung gegangen. Erna freut sich außerdem sehr darüber, dass ihre roestbar Kaffeeschule seit 2018 als SCA Premier Training Campus zertifiziert und damit ein renommierter Treffpunkt für Kaffeeprofis (und natürlich auch solche, die es werden wollen) ist.

Was die Expertin Erna Tosberg auch heute noch am meisten beeindruckt? Die Tatsache, dass sich die zahlreichen Prozesse – vom Kaffeeanbau in den Ursprungsländern über die vielen Schritte bis zum Rösten und darüber hinaus bei der Zubereitung – bis ins Detail herausschmecken lassen. Dass über geschulte Sensorik immer wieder Überraschungen möglich sind! Dass in „jedermanns und jederfraus" Alltag durch die geübten Handgriffe und das Beachten einiger Verhaltensregeln exzellente Ergebnisse zu erreichen sind. All das ist selbst für eine mehrfach preisgekrönte Barista-Meisterin und -Jurorin täglich immer wieder faszinierend, Antrieb für die Zukunft und ein guter Grund, ihr Wissen und Können zu teilen. Zum Beispiel mit diesem Buch.

Die roestbar – eine Institution

Als Sandra Götting und Mario Joka 2002 ihre ersten Bohnen rösteten, ahnten sie nicht, dass sie mit ihrer roestbar einmal als Pioniere des Spezialitätenkaffees gelten würden. Ihre regelmäßigen Einkaufsreisen in die Ursprungsländer sichern den direkten Kontakt zu den Kaffeefarmern und die Qualität jeder einzelnen Bohne. Mit ihrer Rösterei, mit fünf Kaffeehäusern, eigener Konditorei und einer Kaffeeschule setzen sie Maßstäbe.

Es geht ihnen ums Ganze: und das beginnt beim Einkauf, beim Besuch der Kaffeeplantagen. Es beginnt dabei, das Leben der Kaffeefarmer am anderen Ende der Welt zu verstehen und ihre Ware, den Kaffee, von Stunde eins an wortwörtlich zu begreifen. So intensiv, wie das roestbar-Team den Einkauf des Kaffees in den Ursprungsländern begleitet, gehen die „Kaffeeverrückten" auch alle weiteren Schritte. Sie sorgen für optimale Transportbedingungen, sachgerechte Lagerung, sie rösten mit Erfahrung und Geduld, sie verpacken ihr Produkt liebevoll für Kunden in ganz Deutschland, die via Onlineshop ordern können, sie führen ihre individuell gestalteten Kaffeehäuser persönlich, backen in der eigenen Konditorei Köstlichkeiten zum Kaffee, sind Gastgeber aus Leidenschaft und geben ihr geballtes Wissen über die roestbar Kaffeeschule an Kaffeeliebhaber, angehende Baristi und ausgewiesene Experten weiter. An vielen Stellen dieser langen Wege zählen Professionalität und Können, ist die enorme Erfahrung von Vorteil. Ebenso wichtig aber scheinen das Vorausblicken und Beobachten, die Individualität und das Talent, flexibel zu bleiben. Ein Spagat, der dem roestbar-Team auch bei Umbrüchen und neuen Wagnissen mit einem ehrlichen Lächeln gelingt.

Kaffeehaussituationen können vielfältig sein. Diese hier ist in der „roestbar Theater" in Münster eingefangen.

Kaffeegenuss ist mehr als nur der Kaffee selbst! Wie wäre es etwa mit frisch gebackenem Kuchen zum Spezialitätenkaffee?

Schuld ist die Kaffeemacke

Qualitätsverliebtheit ist der Kern des roestbar-Konzepts. Wenn gleich ein ganzes Team auf Kaffee-Einkaufsreise geht und vor Ort persönlich ackert und schwitzt, wenn wache Augen Muster begutachten, wenn jeden Dienstag pünktlich um neun Uhr ein internes und hochkonzentriertes Cupping stattfindet, wenn das Smørrebrød, das in der roestbar-Tagesbar zum Kaffee gereicht wird, in der Vollkornbäckerei Cibaria aus heimischem Getreide gebacken wird, wenn die Milch für den roestbar-Cappuccino von Kühen stammt, die nur einige Kilometer von den Cafés entfernt auf den Weiden stehen, dann ist das alles kein Zufall, sondern eine Selbstverständlichkeit. Mit der „Kaffeemacke" der Gründer (so beschreiben sie es selbst!) fing alles an. Und ein Sinn für Qualität ist eben die Grundlage, von der nicht abgerückt wird. Was mit ein paar selbstgerösteten Kaffeebohnen begann, ist heute ein facettenreiches Gesamtkonstrukt, das vom Plantagenbesuch bis in die Kaffeehaus-Tasse wirkt. Guten Kaffee erkennt man an seiner Qualität. Und diese sichert die roestbar durch die nachverfolgbare Beschaffung des Rohkaffees und durch die Transparenz in allen weiteren Schritten – etwa durch exakte Angaben zu allen Details des Produkts auf den Kaffeeverpackungen und durch Baristi, die sich auf die Finger schauen lassen. Für die Güte jeder Bohne und für den Kaffeegenuss als Krönung der Bemühungen steht das roestbar-Team mit seiner Überzeugung.

Spezialisten am Werk – und sie teilen ihr Wissen gern. Baristi lassen sich bewusst auf die Finger schauen. Viele der Handgriffe können Interessierte in der roestbar Kaffeeschule auch Schritt für Schritt erlernen.

Kaffee – Genuss in Wellen

Viele Mythen ranken sich um die Entdeckung des Kaffees. Ihre Geschichten führen uns, begleitet von Legenden und bildreichen Inspirationen, viele, viele Jahrhunderte zurück. Ein Welthandelsgut wurde die beliebte Frucht erst im 17. Jahrhundert, als die Niederländer in ihren Kolonien erfolgreich Kaffeepflanzen kultivierten und damit das bis dahin arabische Monopol gebrochen wurde.

Heute beschreiben wir die Begeisterung für Kaffee mit Wellen – wobei das Bild sich nicht auf ein Aufschäumen und Abebben, sondern eher auf ein stetiges, in rhythmischen Wogen, aber doch kontinuierliches Anschwellen der Lust auf Kaffee bezieht. Dass hier Qualität eine immer größere Rolle spielt, gefällt uns!

Als sich Kaffee in der Zeit vor und nach dem zweiten Weltkrieg als Massenware etablierte und die industriellen Verfahren für die Herstellung löslichen Kaffees entdeckt wurden, begann die sogenannte erste Kaffeewelle, die sich allerdings durch Masse statt Klasse und Geschmackseinerlei ohne Nuancen charakterisierte. Zwischen 1950 und 1960 stieg der Kaffeekonsum rapide, Kaffee entwickelte sich zu einem Produkt der gesamten Bevölkerung und war fix und fertig gemahlen im Einzelhandel zu erwerben. Kaffee wurde zu dieser Zeit in der Regel als Filterkaffee getrunken – die in den 1970er-Jahren populär werdende Filterkaffeemaschine verstärkte diesen Trend.

Zu dieser Zeit begann die zweite Kaffeewelle, deren Aufmerksamkeit für differenziertere Aromen, für Kaffeewissen und Expertentum unter anderem durch europäische Immigranten in den USA geprägt wurde.

Verkostung – Nuancen erkennen

Unterscheiden, probieren und verkosten, so wie es beim Wein schon lange Zeit selbstverständlich war, bekam auch rund um den Kaffeegenuss eine Bedeutung. Der Begriff Spezialitätenkaffee wurde geprägt. Den Durchbruch einer neuen Fokussierung auf Kaffeegetränke auf Grundlage von Espresso brachte dann die Gründung und weltweite Verbreitung von Starbucks und Coffee Shops Anfang der 1980er-Jahre: ein Durchbruch für den Kaffee.

Das Zelebrieren der Zubereitung von Kaffeevariationen markiert die dritte Welle, die seit Mitte der neunziger Jahre zu beobachten ist, eine Reaktion auf die Industrialisierung des Gourmet-Kaffees mit kleinen Röstern, höherer Qualität der Produkte, gezielten Reisen in Ursprungsländer, einem gesteigerten Bewusstsein für die Beziehung zwischen Produzent und Konsument und einer neuen Liebe für Filterkaffee. Nachdem Kaffeetrinker sich während der ersten Kaffeewelle mit anonymen Blends ohne Nuancen zufriedengeben mussten und während der zweiten Welle immerhin schon auf Single Origins (also Kaffeebohnen aus ein und demselben Anbaugebiet, nicht vermischt mit anderen) vertrauen durften, begann zur dritten Welle die Qualität der Single Estate Kaffees mit Rohkaffeebohnen, die von einer einzigen (oft familiengeführten) Farm oder Farmergemeinschaft derselben Region stammen. Geübte Kaffeetrinker schmecken die Feinheiten dieser jeweils individuellen und konzentrierten Verortung gegebenenfalls sogar heraus! Das Höchste der Gefühle ist seit dieser Zeit auch der Kaffee aus sogenannten „Microlots", Topqualitäten aus extrem kleinen Anbaugebieten, die wegen der geübten, behutsamen und individuellen Weiterverarbeitung an Ort und Stelle wirklich Außergewöhnliches bieten.

In dieser Phase der dritten (absolut qualitätsorientierten) Welle entstand 2003 auch die roestbar, die dann als Mitinitiator der „Roasters & Baristi" 2011 erstmals Top-Kaffeeröstereien und Top-Baristi in Hamburg bei einem Pop-Up-Barkonzept zusammenbrachte und so eine wichtige Basis für eine Art „Spezialitätenkaffee-Community" in Deutschland schuf. Die von der roestbar mitinitiierte Veranstaltung von damals wird noch heute als eine Art Durchbruch verzeichnet.

Das Flavour Wheel – dieses wertvolle Hilfsmittel dient der Einordnung, wenn Kaffee verkostet wird. Mit der Schablone können Geschmack und Aroma erst grob und dann immer feiner differenziert werden.

Gute Aussichten – Welle Nummer 4

Exzellenter Kaffeegenuss mit Spezialitäten aus hervorragenden Kaffeesorten, die persönlich bei den Farmern ausgewählt, verkostet und eingekauft, sicher verschifft, mit Augenmaß geröstet, behutsam gelagert und vertrieben und von handwerklich ausgebildeten Baristi oder auch mit Herzblut zu Hause zubereitet werden – Kaffeegenuss hat ein ausgezeichnetes Niveau erreicht. Und er gelangt nun zum Aufschwung einer vierten Welle, rund um Kaffeehauskultur und Gastfreundschaft, die Integration des Kaffees in Foodkonzepte und die Individualität der Geschmäcker jedes einzelnen Genießers. Wertschätzung (persönliche Vorlieben – alles geht, nichts muss!) statt Bevormundung (jede Art von Kaffeezubereitung und -genuss kann die richtige sein!), Miteinander (etwa von Barchefs und Baristi beim Kreieren von Signature Drinks oder über die Kaffeetheke hinweg zwischen Barista und Gast) und vor allem der Mensch als Genießer und damit als Maß aller Dinge stehen im Fokus der vierten Welle, die wir jetzt schon und auch mit diesem Buch feiern und lieben. Kaffeegenießer profitieren vom Zugewinn an Qualität, von den Nuancen der Spezialitätenkaffees, vom Sachverstand der Baristi und all den Möglichkeiten, auch selbst (sich und anderen) ein besonders guter Kaffee-Gastgeber zu sein. Basiswissen und -können liefert dieses Buch. Der Genuss kommt dann von ganz alleine.

Vom Anbau bis zur Röstung

Der Anbau – eine Frage des Klimas

Wo kommt unser Kaffee eigentlich her? Wenn wir uns diese Frage stellen, wandern unsere Gedanken zu den Ursprungsländern, in subtropische Klimazonen am Äquator, zu Kaffeefarmern, zu kleinen oder größeren Plantagen in Südamerika oder an anderen Orten der Welt. Jede Kaffeebohne hat ihre Geschichte, die in weiter Ferne beginnt …

Kaffeepflanzen benötigen grundsätzlich ein ausgewogenes Klima, um zu gedeihen. Die subtropischen Zonen der Erde werden daher für den Kaffeeanbau genutzt. Gut elf Millionen Hektar Anbaufläche für die Weltproduktion bilden die Grundlage und befinden sich in gut 80 Ländern, von denen aber nur etwa 50 für den Weltmarkt Bedeutung haben. Zu viel Sonne und Wind sowie extreme Temperaturen von über 30 °C und unter 10 °C wirken sich negativ auf Wuchs und Ernte aus. Zudem ist ausreichend Niederschlag, etwa 1.500 bis 2.000 Liter pro Quadratmeter, und eine aufgelockerte Bodenqualität mit Nährstoffreichtum und einem pH-Wert zwischen 5 und 6 notwendig. Die Sorten Arabica und Robusta sorgen für fast 99 Prozent der Kaffeeernten: Während Arabica-Pflanzen bevorzugt in Höhenlagen von 600 bis 2.100 Metern, optimal in 1.000 bis 2.500 Metern Höhe, reifen, gedeihen Robusta-Kaffees in 100 bis 1.000 Metern Höhe.

Optimal sind die Bedingungen für Kaffee im sogenannten „Kaffeegürtel", 20 bis 25 Grad nördlich und südlich des Äquators. Die Hauptanbauregionen befinden sich entlang dieses Kaffeegürtels in Südamerika. Das mit Abstand wichtigste Anbauland ist Brasilien, gefolgt von Ländern wie Vietnam, Kolumbien, Indonesien, Äthiopien, Indien, Mexico, Honduras, Guatemala und Peru.

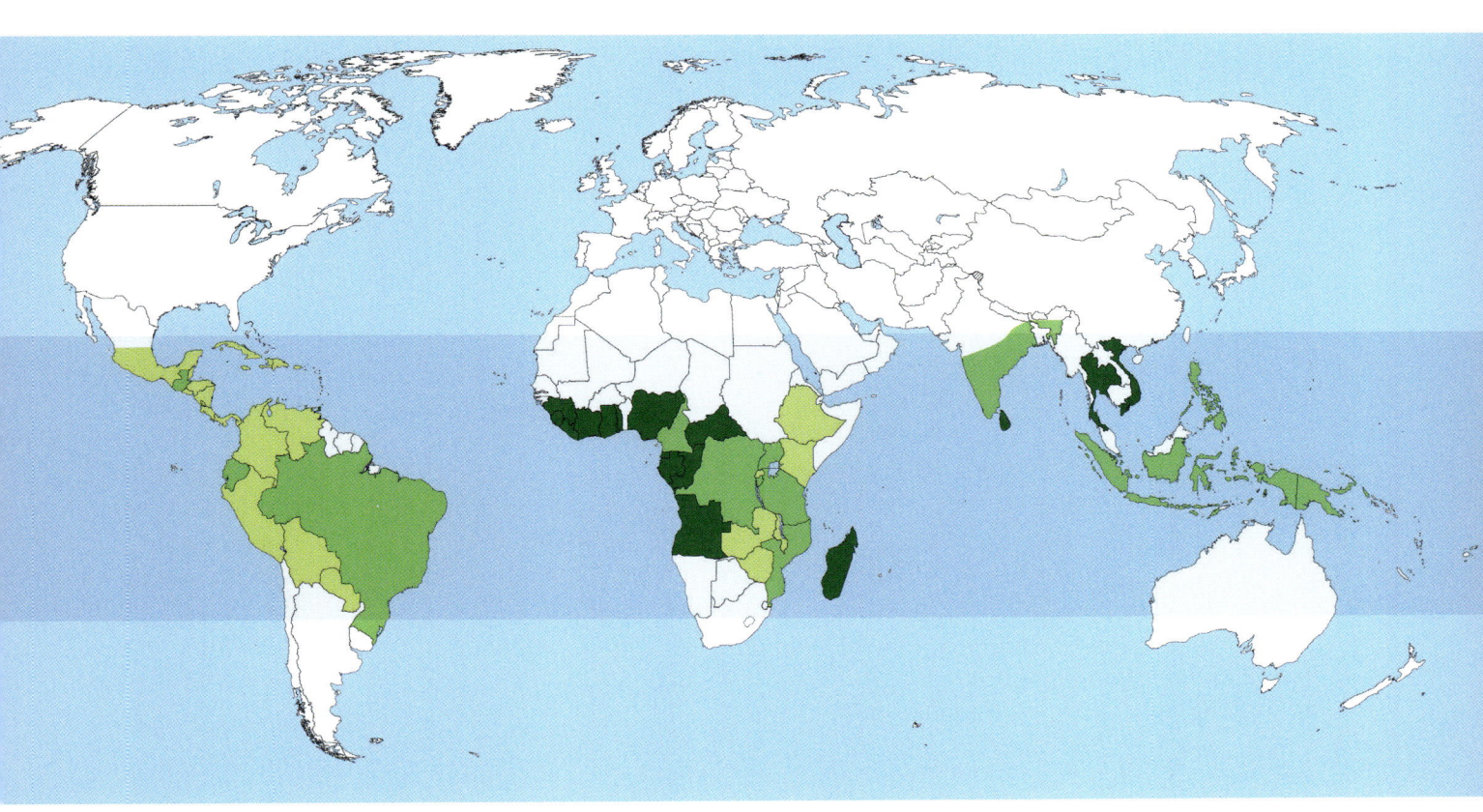

Die Anbaugebiete – wie ein Gürtel umschlingen die Kaffeeanbauländer die Äquatorregion.

Kaffee – eine besondere Pflanze

Die spontane Assoziation, wenn wir an Kaffeebohnen denken, dürfte das geröstete Endprodukt kurz vor dem Mahlen sein. Dass diese Bohne aber eigentlich der Fruchtkern einer Kirsche ist, die an einem saftig grünen Baum wächst, ist erst der zweite Gedanke. Guter Kaffee jedenfalls beginnt mit dem gesunden Gedeihen der Pflanze …

Coffea – das Rötegewächs aus der Familie der Rubiaceae ist ein Baum, der in meist großflächigem Plantagenanbau zur Erleichterung der Pflege und Ernte auf eineinhalb bis drei Meter Höhe gestutzt wird. Eigentlich könnten die Kaffeepflanzen bis zu fünfzehn Meter hoch wachsen. Die pfahlartige Wurzel reicht bis zu zweieinhalb Meter in den Boden. Immergrüne, glänzende, länglich-ovale Blätter gedeihen an langen Zweigen. Die Blattoberseite ist glänzend grün, die Unterseite heller.

Die Blätter sind bis zu fünfzehn Zentimeter lang und vier bis sechs Zentimeter breit. Ein Kaffeebaum trägt seine erste Ernte etwa im dritten bis fünften Jahr, der Ertrag ist in den ersten zwanzig Jahren am höchsten, danach nimmt er langsam ab. Nach etwa fünfzig Jahren wird die Pflanze spätestens ausgetauscht. Mit dieser Lebensdauer sind es häufig mehrere Generationen einer Familie, die an und mit dem jeweiligen Kaffeebaum arbeiten.

Kaffee ist ein Schattengewächs. Pralle Sonne tut der Pflanze nicht gut, ebenso ist Dauerregen schädlich, und unter 10 °C wird es für den Kaffee kritisch. Auch deswegen wird auf Plantagen häufig auf Mischanbau mit anderen Pflanzen gesetzt. Extreme schätzt Coffea eben nicht. Daher sind Anbau und Betreuung zeitintensiv. Und wenn sie verantwortungsvoll betrieben werden, bedeutet das auch Kostenintensität. Eine Investition, die sich lohnt und von der die Kaffeegenießer profitieren.

Der Boden ist die Basis

Die Aussaat erfolgt mit etwa acht Wochen altem Saatgut in spezielle Beete. Nach fünf bis sechs Wochen werden die Setzlinge in Einzelbehälter umgepflanzt. Nach etwa acht Monaten intensiver Pflege, Düngung und Bewässerung erfolgt das Einpflanzen auf der jeweiligen Plantage – je nach Sorte werden die Kaffeebäumchen im Abstand von ein bis drei Metern eingesetzt.

Der Boden sollte tief und locker sein, gut durchlässig und belüftet. Eine Kaffeepflanze benötigt Stickstoff, Phosphorsäure und Kalium, damit sie zur Blüte kommen kann. Wenn die obere Bodenschicht aus Humus besteht, sind die Voraussetzungen für Feuchtigkeit und Nährstoffe und der Schutz vor Winderosion und Boden-Abschwemmungen gegeben. Es ist zudem notwendig, den Boden um jede einzelne Pflanze herum regelmäßig zu jäten und die Höhe der Pflanze durch Beschnitt zu begrenzen; das macht nicht nur wie schon beschrieben die Ernte später einfacher, es erhöht auch den Ertrag, der natürlich erst Jahre später beginnt. Bereiteter Boden, gesunde Pflanze, erfolgreiche Blüte, reiche Ernte, exzellenter Kaffee – der logische Weg beginnt mit guter „Erdung". Und ähnlich wie beim Wein haben die Qualität und Zusammensetzung des Bodens auch massive und für geübte Verkoster schmeckbare Auswirkungen auf Facetten und Nuancierung des später geernteten und weiterverarbeiteten Kaffees. Eigentlich logisch!

Die Nursery – hier geschieht die Anzucht der Kaffeepflanzen, Setzling für Setzling.

Die Natur spielt mit

Jasminartiger Duft strömt aus den kleinen, weißen Blüten, die meist unmittelbar nach den ersten Regenfällen nach der Trockenperiode zu Beginn der Regenzeit aufblühen. Die Kaffeefarmer versuchen sich je nach Blütenstand dann schon an Schätzungen, wie die zukünftige Ernte ausfallen wird – immer in dem Wissen, dass wegen möglicher Naturkatastrophen wie Dürre, Regen oder Frost die eigene Voraussage des späteren Ertrags korrigiert werden muss. Die Blütenpracht selbst ist ein kurzes Vergnügen, nur wenige Stunden sind die filigranen Schönheiten befruchtungsfähig, nach einigen Tagen fallen die Blütenblätter komplett ab. An einem erwachsenen Baum können sich dennoch bis zu 40.000 Blüten befinden. Die Blütezeit kann mehrere Monate dauern, daher passiert es oft, dass an einer einzigen Pflanze frische Blüten und Früchte verschiedener Reifung zu finden sind.

Blätter, Wurzeln und Früchte der Kaffeepflanze sind anfällig für Pilzerkrankungen wie den Kaffeerost, für Schädlinge wie Fadenwürmer und für Insekten, wie etwa den als „Broca" bekannten, sehr verbreiteten Kaffeekirschenkäfer, der nicht Blätter, Zweige oder Stämme schädigt, sondern die unreifen Früchte durchbohrt – und daher auch Kaffeebohrer genannt wird. All diese Einflüsse sowie die Witterungsbedingungen können das Gedeihen der Pflanze und den Ernteerfolg negativ beeinflussen. Faktoren, die die Kaffeefarmer stets im Blick haben.

Die Frucht – Bohne? Oder Kirschkern?

Was von uns gemeinhin als „Kaffeebohne" bezeichnet wird, ist streng genommen eher ein halber Kaffeekirschen-Kern. In jeder Kaffeekirsche befinden sich nämlich üblicherweise zwei Fruchtkernhälften, die nach Gedeihen, Ernte, Aufarbeitung, Transport und Rösten später als zwei Kaffeebohnen in der Mühle landen.

Die gut zehn Monate lang gereifte Frucht der Kaffeepflanze sieht wie eine Kirsche aus und besteht in der Regel aus zwei Fruchtkernhälften, die von einem Silberhäutchen umhüllt sind. Um das Silberhäutchen herum befindet sich eine Pergamenthaut, die wiederum von einer Schleimschicht und der sich anschließenden Pulpe, dem Fruchtfleisch, umhüllt wird. Abgeschlossen wird dieser Fruchtaufbau durch die Außenhaut. Ein Sonderfall ist die so genannte Perlbohne, die entsteht, wenn in einer Kaffeekirsche anstelle von zwei Hälften nur ein einziger Fruchtkern gedeiht. Die Form der Kaffeebohnen kann rundlich bis länglich, manchmal spitz zulaufend sein. Während der Reifezeit durchläuft die äußere Haut einen Farbwechsel, meist von mattgrün über sonnengelb zu leuchtendrot. Überreife Kirschen bilden eine schwarze Haut.

Sonnengereifte Kaffeehäute und das Fruchtfleisch werden unter dem Begriff Cascara (spanisch für Hülle) übrigens zuweilen als Aufguss weiterverwendet. Dieser Tee ist deutlich koffeinhaltiger als der Kaffee selbst und stellt für die Kaffeefarmer eine weitere Einnahmequelle dar, denn diese Teile der Pflanze werden sonst üblicherweise als Abfall oder gegebenenfalls höchstens als Dünger verwendet. Ebenfalls in der Diskussion und Erforschung ist ein Mehl, das aus dem eigentlichen Abfallprodukt von getrocknetem Kaffeefruchtfleisch samt Hülle gemahlen werden kann: Es ist ballaststoff-, eisen-, protein- und kaliumreich, glutenfrei und schmeckt fruchtig-malzig.

Kaffeebohnen selbst enthalten bis zu 1.000 Inhaltsstoffe, wie etwa Kohlenhydrate (die beim Rösten umgewandelt oder abgebaut werden), Fette und Öle (die als Aromaträger eine besonders wichtige Funktion erfüllen), Wasser, Eiweiße, Säuren (entscheidend für die Nuancierung), Koffein, Mineralstoffe und Aromastoffe (maßgeblich für den Geschmack – gut 800 verschiedene sind bereits bestimmt).

Am Farbverlauf der Kaffeekirsche lässt sich der Reifegrad erkennen.

Arabica, Robusta – und mehr

So komplex wie die Kaffeepflanze selbst sind auch die unterschiedlichen Sorten. Von den gut einhundert bekannten Varietäten entfallen 99 Prozent auf die Sorten Arabica (Coffea Arabica) und Robusta (Coffea Canephora). Weitere Kaffeearten sind etwa Coffea Liberica und Coffea Excelsa, die allerdings wirtschaftlich kaum relevant sind.

ARABICA

Gut 60 Prozent der Welternte entfällt auf die Arabica-Pflanze, die ihren Ursprung in Äthiopien hat und heute unter anderem viel in Brasilien, Kolumbien und Honduras angebaut wird. Sie ist verhältnismäßig leicht zu kultivieren, verfügt über ausgeprägte Säuren und ein vielseitiges Geschmacksprofil von blumig bis fruchtig. Die Arabica gilt als bekömmlicher, hochwertiger, und es sind gut 80 Varietäten bekannt. Arabica wird idealerweise bei 15 °C bis 25 °C und auf 600 bis 2.300 Metern Höhe angebaut, die typische Reifezeit liegt bei neun bis elf Monaten. Zu erkennen sind Arabica-Bohnen an ihrer schmalen Form und dem geschwungenen Cut auf der flachen Seite ihrer Fruchthälften. Arabica zeichnet sich durch weniger Koffein und weniger Chlorogensäure (relevant für empfindliche Mägen) aus. Arabica-Kaffee wird wegen seiner spezifischen Eigenschaften und Geschmacksnuancen unter anderem von Kaffeegenießern in Nordeuropa besonders geschätzt.

ROBUSTA

Für etwa 40 Prozent der Welternte sorgt die Pflanze der Coffea Canephora, die im Kongo entdeckt wurde und deren Anbauländer heute vor allem Vietnam, Indien und Indonesien sind. Als widerstandsfähigere Sorte gedeiht sie schon ab 300 Metern Höhe und ist weniger anfällig für Krankheiten wie etwa den Kaffeerost. Daraus ergibt sich ein wichtiger Aspekt für die Zukunft des Kaffeeanbaus, derzeit lässt sich aufgrund dieser Erkenntnis etwa schon ein Wandel in Südamerika beobachten. Robusta-Kaffee verträgt höhere Temperaturen von bis zu 36 °C sowie Feuchtigkeit, reift schneller, ist ertragreicher, hat aber auch ein simpleres, häufig nussiges Geschmacksprofil und ist meist kostengünstiger als die Arabica-Sorten. Der Robusta-Kaffee wird häufig in Espressomischungen verwendet, da er über mehr Körper, viel Crema und mehr Koffein (aber auch mehr Chlorogensäure) verfügt. Äußeres Erkennungsmerkmal ist die rundere Form mit geradem, breitem Cut. Süd- und Osteuropäer schätzen die Eigenschaften und Nuancierungen des Robusta-Kaffees in besonderem Maße.

Der Stammbaum – Kaffee ist eine „Varietäten-Großfamilie".

Die Ernte – eine saisonale Sache

Nach Saat und Wuchs der Pflanzen sowie der kontinuierlichen Pflege der Plantagen und dem Blühen und Reifen folgt die Ernte. Sie ist von geografischen und traditionellen, wirtschaftlichen und kulturellen Faktoren der jeweiligen Region und individuellen Voraussetzungen der Farmer abhängig.

Die geografische Lage und die Anbauhöhen sind entscheidend für die Häufigkeit der Kaffeeernten und für die daraus resultierenden Nuancierungen des späteren differenzierbaren Geschmacks und der Facetten der jeweiligen Ernte. In Regionen unmittelbar am Äquator ist ganzjährige Kaffeeproduktion möglich, in einigen wenigen Gebieten gibt es zwei Blüte- und Erntezeiträume pro Jahr, also Haupt- und Nebenernte. In der Regel aber ist jährlich nur eine einzige Ernte möglich. Während im nördlichen Wendekreis von September bis April geerntet wird, finden die Ernten im südlichen Wendekreis von April bis Oktober statt. Die Erntedauer umfasst üblicherweise zehn bis zwölf Wochen, da durch mehrere sich überlagernde Blühzeiträume nicht alle Kirschen pro Pflanze zeitgleich reif sind. Kaffee ist ein saisonales Produkt! So wie die verschiedenen Erntezeiträume spannen sich auch die Genusszeiträume der jeweiligen Varietäten rund ums Jahr. Für Kaffeegenießer ist das eine Chance, immer wieder Unterschiede in der Tasse zu entdecken und zu genießen.

PICKING

Das gezielte und selektive Pflücken von Hand wird Picking genannt. Es ermöglicht es, die Früchte in den verschiedenen Reifegraden pro Baum einzeln und bedarfsgerecht zu pflücken und muss pro Pflanze etwa alle sieben bis zehn Tage wiederholt werden. Daraus ergibt sich ein zeit- und arbeitsintensiver Einsatz der Pflücker, die mehrmals bis zu eine halbe Stunde pro Baum aktiv sind. Das Ergebnis ist ein Zugewinn an Qualität, da stets nur die tatsächlich optimal gereiften Früchte zum perfekten Zeitpunkt geerntet werden. Dieses Verfahren wird in besonderem Maße für Arabica-Pflanzen angewendet.

STRIPPING

Weniger Zeitaufwand, aber auch undifferenziertere Ergebnisse ergeben sich beim Stripping. Dabei werden Tücher auf dem Boden unter der Pflanze ausgelegt, und unabhängig vom Reifegrad der einzelnen Früchte wird jeder Zweig durch Abstreifen in einem Zug inklusive sich mitlösender Blätter abgeerntet. Das geht schnell, aber im zweiten Schritt muss eine sorgfältige Sortierung und Reinigung erfolgen. Diese Methode wird vor allem für Robusta-Sorten der Coffea Canephora angewendet sowie für trocken aufzubereitende äthiopische und brasilianische Kaffees.

MASCHINELLE ERNTE

Große Erntemaschinen empfinden das Stripping nach oder rütteln die Kirschen von den Zweigen, wobei je nach Intensität des Rüttlers nur die reifen Kirschen vom Baum fallen. Diese Methode ist besonders in flachen Plantagen mit großem Abstand zwischen den Pflanzen möglich. Nach dem Herabfallen werden die Kirschen von den Arbeitern der Kaffeeplantagen eingesammelt, eine anschließende Sortierung und Reinigung ist ebenfalls notwendig. Diese Erntemethode ist durch die Anschaffungs- und Wartungskosten der Maschinen sowie durch die Belastung für Boden und Pflanzen kostspielig und aufwendig.

DIE ERNTE – EIN WICHTIGER SCHLÜSSEL

Gleich zwei Faktoren machen die Art und Sorgfalt der Ernte besonders wichtig: Zum einen geht es um die Arbeitsbedingungen und die angemessene Bezahlung der Pflücker, zum anderen um die handverlesene Pflückung und die exakte Sortierung und damit die Qualitätsgarantie der Früchte selbst. Spezialitätenkaffee zeichnet sich durch gewissenhaft und gekonnt gepflückte, gut gereinigte und sortierte Qualitäten aus. Diese Faktoren schlagen sich eindeutig im späteren Geschmacksergebnis nieder – bessere Art der Ernte, höhere Qualität, mehr Genuss.

Kurze Pause von der anstrengenden Arbeit – Arbeiter einer Kaffeeplantage in Nicaragua.

Die Aufbereitung – ein entscheidender Schritt

Kaffeekirschen sind empfindliche Früchte, sie sind nicht lange haltbar und nur eingeschränkt transportfähig. Nach der Ernte müssen sie zeitnah weiterverarbeitet werden, um die Qualität zu sichern. Entscheidend für den späteren Geschmack des Kaffees ist auch die Art der Aufbereitung. Je sorgfältiger diese geschehen ist, desto intensiver können Säure, Süße und Aromen herausgearbeitet werden.

Es geht darum, Fruchthaut, Fruchtfleisch, Pergamenthaut und möglichst auch das Silberhäutchen zu entfernen. Anschließend erfolgt die Trocknung der Bohnen, um transportfähigen, sauberen und trockenen (zehn bis zwölf Prozent Wasseranteil) Rohkaffee zu erlangen. Beim Natural ist die Reihenfolge andersherum. Mangelhafte Aufbereitung kann die Qualität des hochwertigen Ausgangsprodukts komplett ruinieren. Spezialitätenkaffee zeichnet sich also dadurch aus, dass schon bei der Aufbereitung sorgsam entschieden und mit Kontinuität gehandelt wird. Unterschieden wird zwischen verschiedenen Arten der Aufbereitung, die ja nach Klima- und anderen Voraussetzungen (wie etwa der Gesetzgebung im jeweiligen Anbauland) ganz unterschiedlich ablaufen.

NATURAL – DIE TROCKENE AUFBEREITUNG

Nur in Klimazonen mit geringer Luftfeuchtigkeit möglich ist die traditionelle, besonders in Brasilien angewandte trocken oder „natural" genannte Aufbereitungsmethode, bei der vorsortierte Bohnen zum Trocknen in der Sonne und im Wind auf dem Boden, etwa auf Zementbetten, Bambus- oder Maschendrahtkonstruktionen, ausgebreitet werden. Wir unterscheiden dabei zwischen „full natural" (es wird getrocknet, bis das Fruchtfleisch komplett vertrocknet ist, bis die Bohne beim Schütteln im ausgetrockneten Fruchtfleisch klappert und sich rückstandslos herauslösen lässt) und „pulped natural", der Variante, in der das Fruchtfleisch entfernt wird, wenn es eine rosinenartige Konsistenz („raisin dry") erreicht hat. Es entstehen fruchtbetonte, süße Noten, da der Zucker aus dem Fruchtfleisch während des Trocknens von der Bohne aufgenommen und gespeichert wird. Grundsätzlich haben die Kirschen bei der Ernte einen Wasseranteil von 50 bis 60 Prozent, der durch das Trocknen auf zehn bis zwölf Prozent reduziert werden soll. Das Verfahren dauert auf diese Weise drei bis fünf Wochen. Durch die Grundfeuchtigkeit der Kirschen während des Trocknungsvorgangs ergibt sich über Schimmelbildung, Pilzbefall oder Überfermentierung auch ein Fehlerrisiko mit dem Ergebnis eines fauligen Geschmacks. Die wassersparende Methode ist beliebt, hatte aber früher einen schlechten Ruf, da sie häufig für weniger hochwertige Kaffees angewandt wurde. Heute gibt es auch dabei Top-Qualitäten.

WASHED – DIE NASSE AUFBEREITUNG

Da die Aufbereitung durch Trocknung des Kaffees in feuchten Klimazonen die Gefahr der Überfermentierung mit sich bringt, hat sich die nasse Aufbereitung als Alternative durchgesetzt. Dabei werden die Kirschen in Wasserkanälen nach Reife und Trocknungsgrad in an der Oberfläche schwimmende, schon trockenere „Floaters" und weniger reife und damit schwerere, auf den Boden sinkende „Sinkers" sortiert. Das Fruchtfleisch der reifen Kirschen wird von einem maschinellen Entpulper entfernt, anschließend kommen die Pergamino mit der ihnen noch anhaftenden Schleimschicht einen halben bis zweieinhalb Tage in Wasserbecken, wo Enzyme die Schleimschicht lösen und durch Fermentation die Zucker aufgebrochen werden. Die Pulpe kann anderweitig als Dünger verwendet werden. Anschließend werden durch erneutes Sortieren und Waschen Fruchtfleischreste entfernt, und die Trocknung findet auf Trockenplätzen, Trockenhorden oder sogar maschinell durch Heißluft statt. Die Dauer des gesamten Prozesses beträgt zehn bis fünfzehn Tage. Bei diesem Verfahren ist durch die Sortierung der Bohnen eine gleichbleibend hohe Qualität einfach erreichbar, und bei korrekter hygienischer Ausführung ist die Gefahr von Fehlern gering, allerdings können durch „Überfermentation" in seltenen Fällen „Stinkerbohnen" entstehen. Schon eine einzige davon kann eine große Menge Kaffee geschmacklich zerstören. Das Wasser muss regelmäßig gewechselt werden, und der Einsatz von bis zu 150 Litern pro Kilogramm Rohkaffee bringt einen hohen Flüssigkeitsverbrauch mit sich. Grundwasserverunreinigungen können zudem nur durch den Einsatz von teuren Filtersystemen verhindert werden. Die Aufbereitung ist insgesamt arbeitsintensiver. Sie bringt durch die chemischen Prozesse während des Waschens insgesamt klare Aromen, elegante Säuren, lebendige Fruchtigkeit und weniger Körper und Süße hervor.

SEMI-WASHED – HALBTROCKENE AUFBEREITUNG

Mit dieser neueren Methode, einer Mischform aus trockener und nasser Aufbereitung, die besonders in Brasilien verbreitet ist, wird das maschinelle Entpulpen der reifen Bohnen mit der anschließenden Trocknung samt der Fruchtfleischreste und der Pergamenthaut kombiniert, allerdings ohne die Fermentation. Besonders interessant ist die Methode des „Honey Processing". Dabei wird nicht etwa mit Honig gearbeitet, der Name bezieht sich auf die klebrige Masse, die sich durch das weiche, an der Bohne haftende Fruchtfleisch ergibt. Die Versionen des „Honey-Processed-Coffee" ergeben sich je nach Trocknungszeit und Technik: Manchmal werden die Bohnen einfach in der Sonne getrocknet und haben nach wenigen Tagen das Trocknungsziel erreicht. Bei anderen Verfahren dauert die Trocknung einige Tage länger. In wieder anderen Fällen werden die Früchte zum Trocknen auf Gestellen ausgebreitet und mit Folie bedeckt, so entstehen besonders süße Kaffees, ähnlich wie Naturals. Dieser Aufwand rechtfertigt den unter Umständen höheren Preis der so aufbereiteten Früchte.

Die Semi-Washed-Varianten sind wassersparender als die nasse Aufbereitung und zeichnen sich durch weniger Fehlerquellen als bei der trockenen Aufbereitung aus, sofern die Bohnen auf großen Feldern regelmäßig gewendet werden, um die Fermentation der Mucilage zu vermeiden. Das Ergebnis ist eine homogene Qualität eleganter, süßer, fruchtiger Kaffees mit feinen Säuren und vollem Körper.

VOLLENDET – DIE TROCKENE BOHNE

Die Art der Trocknung hängt in den verschiedenen Anbauländern von vielen Faktoren ab. Je nach Klima, Voraussetzungen und technischen Möglichkeiten unterscheiden sich die Vorgehensweisen und Verarbeitungsmethoden. Immer ist das Ziel, den Feuchtigkeitsgehalt des Kaffees vor dem Verpacken und Transportieren auf etwa zehn bis zwölf Prozent zu reduzieren – gegebenenfalls durch den Einsatz von Heißluft. Auf das Trocknen und das Entfernen der Pergamenthaut folgt das Aussortieren der Defekte. Dieses Handverlesen und genaue Hinschauen und damit auch Verwerfen eines beträchtlichen Teils der Ernte gibt es ausschließlich bei der Produktion von Spezialitätenkaffee! Im Industriekaffee landet „alles". Neben kleinen Steinen, Zweigen, Schalenresten und allerlei Verschmutzungen werden beim Spezialitätenkaffee auch defekte Bohnen aussortiert. Dabei handelt es sich um Perlbohnen, unreife, schwarze, zerbrochene, befallene, übertrocknete, verdorbene, schwammige, schimmelnde, faule, überfermentierte oder durch Frost beschädigte Bohnen. Auch bei der getrockneten lagerfähigen und von Rückständen befreiten Rohkaffeebohne gibt es noch viele Unterschiede. Sortiert wird das Produkt maschinell (etwa durch Rüttler, die die Bohnen an verschiedenen Stellen auswerfen) oder über Sizing-Methoden von Hand nach Größe zum späteren gleichmäßigen Rösten, nach Dichte und Porosität, Gewicht und Farbe oder kategorisiert nach Anbauhöhe.

MONSOONIG – EINE BESONDERE METHODE

Dieser Prozess ist ein Sonderfall der Aufbereitung von Kaffees mit dem Ergebnis besonderer Milde. Die Idee stammt aus Küstenregionen Indiens. Dabei werden die Kaffeebohnen nach der Ernte, nach dem Verlesen und Trocknen den indischen Monsunwinden und -regenfällen bewusst ausgesetzt – beziehungsweise wird diese regelmäßige Befeuchtung heute bewusst nachempfunden. Dadurch werden die Kaffeebohnen wieder und wieder befeuchtet und getrocknet, sie schwellen durch die Feuchtigkeit leicht an und erhalten eine gelbliche Farbe. Zirkulierende Winde belüften den Kaffee, durch diese Art der Spülung und Umwehung wird der Alterungsprozess beschleunigt, und die Bohnen werden entsäuert. Das Ergebnis ist ein magenfreundlicher Kaffee mit wenig Säure und leichtem Körper sowie dem typischen Monsooning-Geschmack.

GRADING – GANZ GENAU HINSCHAUEN

Beim „Grading" werden die Rohbohnen genau „unter die Lupe" genommen und durch Experten klassifiziert. Die Arten der Defekte (schwarze Bohnen etwa werden schwerwiegender kategorisiert als unreife) sind differenziert zu betrachten. Die Gradings sind überall auf der Welt anders benannt. Beispielhaft fächern wir hier die fünf Grade-Stufen Äthiopiens auf. Sie beziehen sich immer auf 300 Gramm Rohkaffee.

„Grade 1" entspricht der Güte von Spezialitätenkaffee. In dieser Kategorie dürfen höchstens drei kaputte Bohnen, keine unterentwickelten „Quaker" und keine verfärbten Bohnen enthalten sein.

„Grade 2" darf bis zu acht kaputte Bohnen und maximal drei „Quaker" enthalten – diese Kategorie wird als „Premiumkaffee" bezeichnet.

„Grade 3" bezeichnet Kaffee, der bis zu 23 kaputte Bohnen und bis zu fünf „Quaker" auf die üblichen 300 Gramm Rohkaffee enthält – das ist der sogenannte „Exchange-Kaffee".

Bei „Grade 4" dürfen es bis zu 86 kaputte Bohnen sein – er wird als „Standard-Kaffee" bezeichnet.

„Grade 5" ist die schlechteste Einstufung für Kaffee mit mehr als 86 Defekten, er wird „Off-Grade-Kaffee" genannt.

Blends – auf die Mischung kommt es an

Wenn unterschiedliche Kaffeesorten miteinander vermischt werden, entstehen sogenannte Blends. Und gerade in diesen exakten Kompositionen verschiedener Bohnen unterschiedlicher Anbaugebiete, Geschmacksprofile und Sorten liegt oft das Geheimnis eines besonders geschätzten Aromas.

Sie ergänzen sich, sie bilden zusammen die perfekte Harmonie, sie passen einfach gut zusammen und werden zu einer Art Einheit: Wenn Kaffeesorten für Blends gemischt werden, ergeben sich neue Varianten des guten Geschmacks. Der Vorgang dient im besten Fall der Qualitätssteigerung und Unverwechselbarkeit. Im Gegensatz zum Single-Origin-Kaffee, bei dem alle Bohnen aus einem einzigen Anbaugebiet stammen, setzen die vor oder nach dem Rösten exakt gemischten Blends auf das Zusammenspiel. Wenn etwa eine Espressomischung aus Arabica- und Robusta-Bohnen besteht, so setzt diese Zusammenstellung bewusst auf die Verschiedenartigkeit der Eigenschaften, die kombiniert werden.

Entkoffeiniert – mit Genuss

Kaffeeliebhaber, die auf die anregende Wirkung von Koffein verzichten möchten oder müssen, können dennoch guten Kaffee trinken. Neben der Tatsache, dass es auch von Natur aus koffeinärmere Sorten gibt, sichern verschiedene Entkoffeinierungsverfahren den Genuss ohne das stimulierende Alkaloid.

Das sogenannte „Sugar-Cane-Verfahren" (Rohrzucker-Verfahren) etwa ist ein einzigartiges Entkoffeinierungsverfahren, das ausschließlich mit natürlichen Lösungsmitteln und ohne Druck arbeitet. Es ist somit sehr schonend und besonders gut verträglich. Als Basis für das Lösungsmittel dient Rohrzucker, der sowieso häufig in Kaffeeanbaugebieten wächst, mit dessen Hilfe die Entkoffeinierung auf folgende Weise vollzogen wird: Um das Lösungsmittel für das Koffein herzustellen, wird Melasse auf Zuckerrohrbasis fermentiert, wobei Ethanol entsteht. Dieses wird mit Essigsäure gemischt, und es entsteht Ethylacetat. Um den Rohkaffee zu entkoffeinieren wird er zunächst bedampft, damit sich die Poren öffnen. Dann wird das Ganze mit einer Mischung aus Ethylacetat und Wasser versetzt, wodurch das Koffein gelöst wird. Das Koffein wird separiert und gefiltert, anschließend wird der entkoffeinierte Rohkaffee abermals bedampft, um Rückstände zu beseitigen. Abschließend wird der Rohkaffee getrocknet und ist dann bereit für den Export. Diese Methode wird auch „The Natural Decaffeination Method" genannt.

Instant – die lösliche Form

Wenn es schnell gehen soll, unterwegs und in anderen Lebenssituationen, greifen auch Kaffeegenießer zuweilen gern auf löslichen Kaffee zurück. Wenngleich der Siegeszug des Instantkaffees weltweit sehr unterschiedlich ausfällt, ist diese Form der Weiterverarbeitung ein wichtiges und auch im Spezialitätenkaffeebereich zukunftsfähiges Modell.

Die Idee, Kaffeekonzentrat zu entwickeln, hatte eine erste Erfolgswelle im Zweiten Weltkrieg. Lösliche Kaffeegetränke sind heute in vielen Varianten erhältlich. Als löslicher Kaffee bezeichnete Produkte dürfen keine Zusätze erhalten. Heute wird für die Herstellung das Verfahren der Gefriertrocknung gewählt. Dabei wird Kaffeeextrakt mittels Hochdruck hergestellt, mit Luft oder Kohlendioxid aufgeschäumt und auf etwa minus 5 Grad abgekühlt. Das bei den Minusgraden gefrierende Wasser wird als Eiskristalle per Zentrifuge entfernt, der verbleibende Teil des Kaffees wird hochextrahiert getrocknet und vermahlen. Er kann später durch Zugabe von heißem Wasser wieder zum Genuss vervollständigt beziehungsweise aufgegossen werden. Während früher ausschließlich minderwertiger Kaffee zu löslichem Kaffee verarbeitet und ohne Nuancen konserviert wurde, ist das Verfahren heute auch für die Spezialitätenkaffee-Branche interessant geworden.

Spezialitätenkaffee – aus Überzeugung

Kaffee gehört zu den wichtigsten Handelsgütern der Welt, die Nachfrage steigt. Daraus ergeben sich zahlreiche wirtschaftliche, aber auch ethische Zusammenhänge, denn Kaffee stellt und sichert Arbeitsplätze, sorgt in den Ursprungsländern für Entwicklung, ist ein Naturprodukt, das mit Zertifikaten belegt und mit Besteuerung gehandelt wird.

Als zweitwichtigstem Handelsgut der Welt, das in Entwicklungsländern produziert wird (nach Erdöl), kommt dem Kaffee eine entscheidende Bedeutung zu. In den produzierenden, wirtschaftlich schwächer entwickelten Ländern verbleibt nur eine geringfügige Menge der Kaffeeernten, der Hauptanteil der Produktion wird für die Industrienationen in Europa und für die USA produziert. Die Erzeugerländer sind von den Exporterlösen ihres Kaffees abhängig, das Einkaufsverhalten der wirtschaftlich starken Importeure ist von entscheidender Bedeutung. Der Handel wird über die Börsen, etwa in New York (Arabica) und London (Robusta), abgewickelt. Darüber hinaus spielen Zölle und Steuern eine große Rolle. Deutschland erhebt als eines der wenigen Länder in der EU eine Kaffeesteuer, sie liegt bei 2,19 Euro pro Kilogramm geröstetem Kaffee und 4,78 Euro pro Kilogramm löslichem Kaffee.

Zahlreiche Labels und Zertifizierungen werden im Zusammenhang mit Kaffee vergeben, etwa für die Ausbildung der Kaffeefarmer, für Nachhaltigkeit, für den Schutz von Ressourcen, Fair Trade, Bio-Anbau und ähnliche Standards. Keines der Labels birgt eine umfassende Qualitätsgarantie, der Aufpreis für den Erhalt des Labels verbleibt häufig innerhalb der Organisation und wirkt nicht zugunsten der Kaffeefarmer. Daher sind Reisen in die Ursprungsländer und persönliche Kontakte zu den Farmern eine gute Absicherung, um Arbeitsbedingungen und Anbaugüte zu beurteilen und entsprechend zu ordern.

Anspruchsvoll – ein lohnender Mehrwert

Röstereien wie die roestbar veredeln ausschließlich Spezialitätenkaffees, das heißt Rohkaffees von höchster Qualität, die über die Begutachtung und Sortierung der Bohnen sowie über den Geschmack ermittelt wird. Für den Einkauf bedeutet das, dass gezielt nach hochwertigen Kaffees gesucht wird, die von Farmern produziert werden, die nachhaltig und auf höchstem Niveau arbeiten. Diese Produzenten erzielen berechtigterweise weit über dem Börsenstandard liegende Preise für ihre Ware. Das persönliche Kennenlernen der Farmer, der Kontakt zu den Verantwortlichen und Pflückern, die jahrelangen Geschäftsbeziehungen und der intensive Austausch bei den regelmäßigen Besuchen in den Ursprungsländern garantieren Transparenz, Nachhaltigkeit, Fairness und natürlich den exzellenten Geschmack, der mit diesem kostspieligeren Aufwand der Auswahl erreicht werden kann und soll.

Spezialitätenkaffee muss beim Cupping (siehe Kapitel „Die Durchführung eines Cuppings" ab Seite 257), also der professionellen Verkostung 80 oder mehr von 100 Punkten, erreicht haben. Ein wichtiger Faktor ist die Nachverfolgbarkeit der Bohnen über die einzelnen Stationen des Ursprungslandes, die durch die Einkaufs- und Kontrollreisen, aber auch durch die enge Zusammenarbeit mit erfahrenen Spezialitätenkaffeehändlern gewährleistet und immer wieder auf den Prüfstand gestellt wird.

Transparenz – durch viele Schritte

Dargestellt werden die nachverfolgbaren Informationen zu jedem einzelnen Kaffee durch möglichst exakte Angaben auf den Kaffeeverpackungen. Diese fächern auch die geschmacklichen Nuancen auf: Sie dokumentieren alle Facetten des Einkaufs und der Weiterverarbeitung, die den höheren Preis des Spezialitätenkaffees gegenüber dem des Industriekaffees rechtfertigen.

Die jährlich stattfindende Cup-of-Excellence-Internetauktion ist die angesehenste Auszeichnung für die besten Kaffees der Welt. Hier stellen sich Kaffeefarmer einer kritischen Jury zur Begutachtung ihrer Ware, um diese Auszeichnung zu erhalten. Sie reichen Muster zum Cupping ein. Damit verbunden ist ein nachfolgendes Direct-Trade-System, durch das die Bauern schon im Vorfeld motiviert werden, sorgfältig anzubauen, zu ernten und weiterzuverarbeiten, indem ihre Qualität entsprechend bezahlt wird. Auch in Deutschland setzen sich die Qualitätsröster für die Wahrung der Qualität, für Fairness und Nachhaltigkeit, das Wohl der Produzenten und der Endverbraucher, zum Beispiel auch durch Begutachten der Kaffees in Bezug auf Gesundheitsbewusstsein, ein.

Unterwegs – der Transport

Sobald der Kaffee im Ursprungsland exportfähig vorbereitet ist, wird er im Fall von Spezialitätenkaffee in 60 bis 70 Kilo schwere Säcke verpackt, die anschließend in Container geladen und in die Zielländer verschifft werden. Für besonders exklusive Kaffees gibt es auch kleine Verpackungseinheiten und sogar eigens produzierte Vakuumpacks. Undifferenzierterer Kaffee wird auch als loses Schüttgut deutlich ungeschützter direkt in Containern oder in „Bulks" genannten Riesensäcken transportiert. In Deutschland kommen alle Kaffeeeinfuhren im Hamburger Hafen an. Dort werden die Qualitäten von erfahrenen Röstmeistern auf die vorgesehene Güte geprüft.

Der sachgerechte Transport mit den korrekten Voraussetzungen etwa für die Belüftung ist entscheidend für die Qualität bei der Ankunft im Zielland. Die Säcke sind aus Materialien wie Jute oder Sisal, neuerdings auch PET, gefertigt, und deren Herstellung ist eine weitere dem Kaffee zugeordnete Einnahmequelle in den Ursprungsländern. Häufig sind heute Innensäcke aus Folie zum Erhalt der Feuchtigkeit im Produkt obligatorisch. In einen Transportcontainer passen bis zu 300 Säcke Rohkaffee. Der Transport dauert meist mehrere Wochen. Anhand eines Pre-Shipping- und Spot-Samples kann der die Ware in Empfang nehmende Begutachter im Zielhafen erkennen, ob die Qualität der tatsächlich erhaltenen Ware mit der vor dem Transport abgenommenen Probe übereinstimmt. Das Be- und Entladen der Container am Hafenlager ist Knochenarbeit, die Säcke werden auf Paletten zu zehn Sack in eigens dafür ausgerichtete Kaffeelager geräumt, die als Umschlagsplatz dienen. Aus diesem Lager wird die Ware bedarfsgerecht und absprachegemäß zu den Röstereien transportiert.

Rösten – mit Fingerspitzengefühl

Kommt der Kaffee in der Spezialitätenkaffee-Rösterei an, beginnt ein wichtiger Teil der Arbeit. Der Vorgang des individuellen Röstens ist ein entscheidendes Merkmal, um Massenkaffee und Spezialitätenkaffee zu unterscheiden – darin liegt ein weiterer großer Teil der Qualität des Endprodukts begründet. Fingerspitzengefühl und Erfahrung sind der Schlüssel.

Erst durch das Rösten entfalten Kaffeebohnen ihre gesamte Aromen- und Geschmacksvielfalt. Beim Rösten finden wichtige chemische Reaktionen statt, die die Struktur der Bohne verändern und entscheidend für die Vermahlung, für die Zubereitung und den Geschmack sind. Wie der Kaffee später schmeckt, hängt vom Gespür des Röstmeisters und von der Röstmethode ab. Durch das Rösten wird der Geschmack des Kaffees herausgearbeitet, und es wird ihm zugleich noch enthaltene Feuchtigkeit entzogen.

In Spezialitätenkaffee-Röstereien wie der roestbar wird zunächst eine Probe jedes eintreffenden Rohkaffees probegeröstet, um eine Profilkurve für das Rösten der größeren Mengen zu entwickeln. Das Röstprofil bestimmt dann die Balance zwischen Säure, Bitterkeit und Süße. Die Röstkurve gilt als Referenz für die weitere Arbeit mit diesem nun individuell kategorisierten Kaffee. Die Bohnen werden trocken und fettfrei unter Druck erhitzt, während des Röstens verlieren sie Gewicht. Je nach Temperatur und Röstdauer verändert sich der spätere Geschmack des Kaffees. Helle Profile betonen die Säure stärker, dunkle Röstungen betonen den Körper, sind kräftiger und etwa für die Espressozubereitung geeignet. Nach dem Rösten werden die Bohnen im Fall von Spezialitätenkaffee durch Luftzufuhr gekühlt und müssen gegebenenfalls noch ausgasen, bevor sie in der Rösterei abgewogen und verpackt werden.

Mit Fingerspitzengefühl – kleine Röstproben sind der Schlüssel zu Qualität.

Die schonende Trommelröstung

Spezialitätenröstereien wie die roestbar vertrauen auf individuelle Trommelröstung, bei der geringere Chargengrößen und exaktere Profile möglich sind. Dieses schonende Verfahren ist aufwendig, aber von großer Bedeutung für die Qualität des Endprodukts.

Die Trommelröstung, das älteste industrielle Röstverfahren, vereint mehrere Möglichkeiten: zum einen die Möglichkeit niedriger Temperaturen, zum anderen die einer längeren Röstzeit. Hinzu kommt die gegenseitige Beeinflussung der erhitzten Bohnen nach dem Kontakt mit der heißen Luft des Rösters. Ein schonendes Verfahren, das die Möglichkeit ausgefeilter Röstprofile zulässt. Dieses Verfahren erfordert einen erfahrenen Röstmeister mit viel Fingerspitzengefühl.

Für den eigentlichen Röstvorgang wird der Rohkaffee abgewogen und in einen Trichter gefüllt. Von dort wird er über ein Rohr in die Röstmaschine geführt. Innen rotiert eine Trommel, die von unten von einer Gasflamme beheizt wird. Die Bohnen werden bei dieser Methode durch die indirekte Hitze geröstet. Das dauert länger als bei Industriekaffee, ist aber auch schonender und individueller zu dosieren. Die Eingangstemperatur liegt bei 180 °C bis 230 °C, wenn der Kaffee in die Trommel gelangt, fällt sie auf 100 °C bis 150 °C und beginnt dann wieder zu steigen. Es folgen acht bis zehn Minuten Trockenphase, das Wasser in den Bohnen verdampft, kann aber noch nicht entweichen; die Farbe der Bohnen verändert sich von Grün zu Gelblich-Braun. Aus der Bohne entweichen kann das Wasser noch nicht, weil die Zellstruktur noch zu hart ist.

Die Cracks – krachende Bohnen

Nach acht bis zehn Minuten ist der Innendruck der Bohne so hoch, dass sie mit einem hörbaren Krachen aufplatzt. Die Bohne nimmt mehr Volumen und eine braune Farbe an, die Zucker darin karamellisieren, und mit der sogenannten Maillard-Reaktion entstehen mehrere hundert Aromen in der Bohne, die zu diesem Zeitpunkt auch ihre Farbe verändert und einen Braunton annimmt. Stoppt man den Röstvorgang nach diesem First Crack, ist das Ergebnis ein grasiger, gemüseartiger Geschmack mit unreifen Säuren. Daher wird weitergeröstet. Mit dem Second Crack, dem Weiterrösten bis zum zweiten Krachen der Bohnen, beginnen die Zellstrukturen zu verbrennen. Bei zu langem Rösten verschwinden die Aromen, der pH-Wert sinkt, und die Tanninwerte steigen. Ausgefeilte Röstprofile sind minutiös abgestimmt, sie liegen zwischen dem First und dem Second Crack. So wird das Wechselspiel zwischen kurzer Röstzeit mit mehr Säure, mehr Körper, weniger Bitterstoffen, erhöhtem Schüttvolumen, erhöhter Extraktionsmenge und erhöhter Anzahl löslicher Stoffe zu den umgekehrten Ergebnissen bei zu langer Röstzeit in Einklang gebracht. Entscheidend für das gewünschte Ergebnis sind die Art der späteren Zubereitung und natürlich der individuelle Geschmack. Spezialitätenkaffee-Röster haben ihre persönlichen „Rezepte" der Verarbeitung der jeweiligen Produktgruppen.

Röstungen – was bewirkt was?

Das Zusammenspiel des ausgesuchten Rohkaffees und seiner individuellen Röstung verleiht Spezialitätenkaffee seinen jeweiligen Charakter. Helle Röstungen schmecken leicht und fruchtig, dunkle Röstungen zeichnen sich durch kräftigeren Geschmack mit weniger Frucht- und mehr Karamellisierungsnoten aus. Patentrezepte gibt es nicht. Die Ausgewogenheit und Qualität des Endprodukts liegen in den erfahrenen Händen des Röstmeisters.

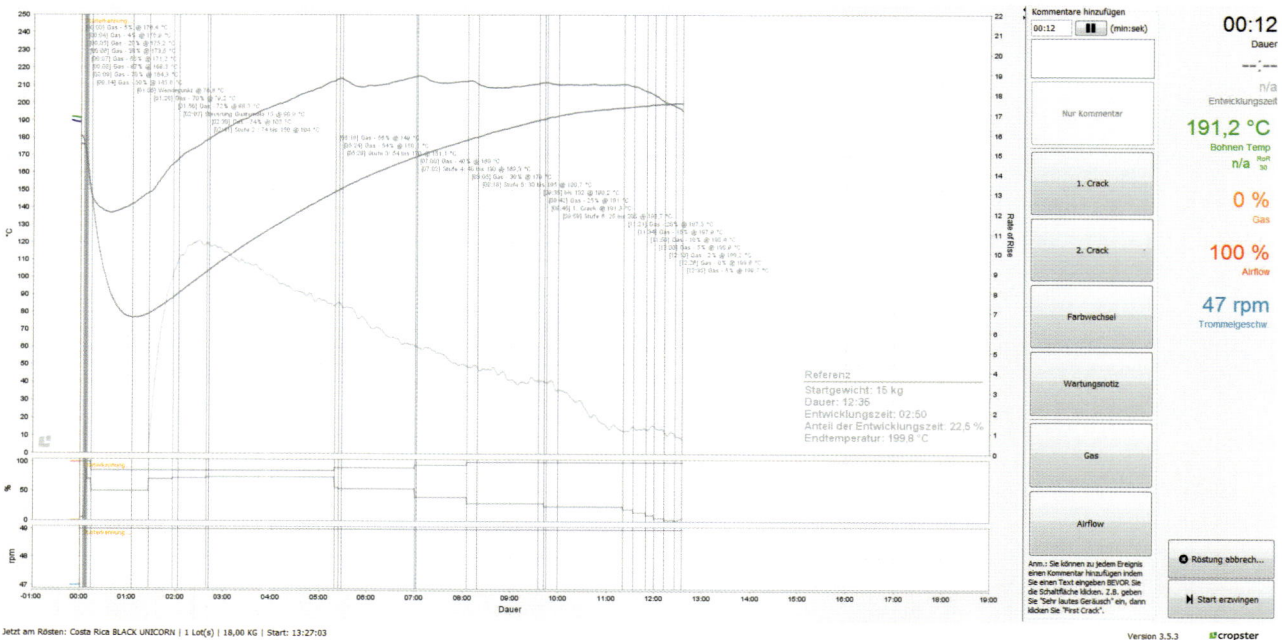

Anhand der Röstkurve kann beim Rösten der Temperaturverlauf fortlaufend überprüft werden.

Frisch – und lagerfähig

Wenn Kaffee mit so viel Mühe angebaut, weiterverarbeitet, transportiert und geröstet wurde, dann fehlt nur noch ein kleiner Schritt bis zur Zubereitung und zum Genuss. Die zwischenzeitliche sachgerechte Lagerung spielt dabei eine entscheidende Rolle. Spezialitätenkaffeeröster wissen das und liefern ihre Ware bewusst in Verpackungen mit Einwegventil. Spezialitätenkaffee ist ein Frischeprodukt, und wir empfehlen, ihn in ganzen Bohnen zu kaufen, in den mitgelieferten Beuteln zu lagern und stets nur portionsweise frisch und direkt vor der Zubereitung zu mahlen und direkt weiterzuverarbeiten.

Kaffee ist ein hochempfindliches Naturprodukt, das Fremdaromen annimmt und Eigenaroma verlieren kann. In Röstereien wie der roestbar wird täglich frisch geröstet, und die Kaffees haben auch im Onlineversand nur kurze Lagerzeiten. Je nach Sorte und Tag der Bestellung wird der Kaffee in der Regel fünf bis sieben Tage nach der Röstung beim Besteller ankommen. Die roestbar-Kaffeebeutel zum Transport und zur Aufbewahrung sind aluminiumfrei: Mit der Kombination von bedrucktem Papier außen und einer PE-Folie innen sind die Beutel aromadicht gestaltet. Jeder Beutel ist durch einen ZIP-Verschluss wiederverschließbar. Der Aufdruck gibt individuell und detailreich Auskunft über den Inhalt. In diesen Verpackungen ist der Kaffee optimal aufbewahrt.

DAS AROMAVENTIL

Gleich nach dem Röstgang werden die Bohnen mit Luft abgekühlt und schließlich luftdicht gelagert und verpackt. Da der Kaffee nach dem Rösten noch mehrere Tage ausgasen kann, haben die Verpackungen ein Aromaventil, durch das Gase entweichen können, aber kein Sauerstoff an die Bohnen gelangt. Ein aufgeblähter Beutel ist also kein Grund zur Sorge, sondern ein Zeichen für sehr frisch abgefüllten Kaffee. Meist lässt sich das Gas durch einen leichten Druck auf die Tüte durch das Ventil drücken. Kaffee verliert durch Oxidation sein Aroma, nimmt Feuchtigkeit und Gerüche auf, und die im Kaffee enthaltenen Öle können ranzig werden; die modernen Verpackungen verzögern diese Effekte.

DIE AUFBEWAHRUNG

Aus diesem Grund lautet die Empfehlung, den Kaffee möglichst in der Originalverpackung, ungemahlen, luft-, licht- und wärmegeschützt aufzubewahren. Dabei ist es entscheidend, die Verpackung nach jedem Öffnen wieder ordentlich zu verschließen. Den Kaffee bitte nicht im Kühlschrank lagern, da er schnell Fremdgerüche aufnimmt und der Geschmack durch den Temperaturwechsel bitter werden kann. Ganze Bohnen können eingefroren werden, sollten danach entweder direkt kalt vermahlen oder aber zum Auftauen nicht ausgepackt und ausgebreitet werden, um Kondenswasserbildung auf den Bohnen zu vermeiden.

DIE FRISCHE

Optimal ist es, den Kaffee mit der eigenen Mühle portionsweise zu mahlen, nur nach Bedarf, und den Kaffee möglichst innerhalb von sechs bis acht Wochen nach der Röstung zu verbrauchen. Kaffee ist grundsätzlich recht lange haltbar und wird in dem Sinne nicht schlecht. Aber die Öle im Kaffee können mit der Zeit ranzig werden, und durch Oxidation verliert der Kaffee an Aroma. Spezialitätenkaffeeröster wie die roestbar geben ein Mindesthaltbarkeitsdatum von zwölf Monaten ab Abfüllung des Kaffees in den Aromabeutel an. Noch besser ist es, den Kaffee nicht so lange zu verwahren, sondern ungemahlene Bohnen nach ca. sechs bis acht Wochen und gemahlenen Kaffee möglichst nach vier Wochen verbraucht zu haben. Logischerweise ist auch der Verbleib von Bohnen im Behälter der eigenen Mühle nicht sinnvoll, da das Produkt durch die natürlichen Öle und Fette hier ranzig werden kann.

Und so kommen wir zum nächsten wichtigen Teil dieser „Gebrauchsanweisung für guten Kaffee": der Zubereitung von der Mühle bis in die Tasse.

Zubereitung

— „Kaffee kochen" mit Konzept —

Jeder, der weiß, wie viele Arbeitsschritte und Möglichkeiten zur Qualitätssteigerung schon allein in dem Entwicklungsprozess des reinen Produktes „Kaffee" stecken, der wird sich auch bei der Zubereitung optimale Voraussetzungen, schlüssige Hinweise und einfach reproduzierbare „Rezepte" wünschen. Vielen Dank an Erna Tosberg, die für diesen Teil unseres Buches ihr umfassendes Expertenwissen zur Verfügung gestellt hat.

Mit welcher Methode, welchen Maschinen und Hilfsmitteln und wann und wo wir unseren Kaffee zubereiten und genießen – das ist eine ganz persönliche Entscheidung, und es gibt kein Patentrezept dafür. Der eine schwört auf diese, der andere auf jene Art der Zubereitung. Und das ist auch gut so! Denn auf diese Weise gewinnt der Genuss an Individualität. Insbesondere, wenn jeder von uns eigene Variationen auch in seinen Alltag einfließen lässt. Vielleicht ist die erste Tasse am Morgen eine Art Mokka und bewusst im Herdkännchen zubereitet, tagsüber liegt der besondere Genuss in der Kaffeespezialität aus der Siebträgermaschine an der Office-Bar, am Nachmittag wird für die Familie eine schöne Kanne Filterkaffee zubereitet, und am Wochenende ist Experimentieren für neue Brüh-, Druck- oder Driperfahrungen mit allerlei anderen Zubereitungsmöglichkeiten angesagt. Wichtig ist immer: Genuss! Und dabei hilft die von Erna Tosberg eigens für diese Veröffentlichung verfasste Zubereitungsanleitung mit vielen Details und häufig sogar mit Schritt-für-Schritt-Bebilderung zum Nachschlagen und Ausprobieren. Die zweifache Deutsche Barista-Meisterin SCA 2013 & 2015 und international zertifizierte Sensorik-Jurorin teilt hier einen beträchtlichen Teil ihres Wissens mit uns: Und auch wenn wir damit vielleicht nicht gleich zu „Profis" werden, so schenken uns diese Tipps und Tricks doch jede Menge Inspiration und Handwerkszeug für unseren Kaffeegenuss im Alltag und an Festtagen. Machen wir etwas daraus!

ZUBEREITUNG

Um eine gute Tasse Kaffee zuzubereiten, benötigt man vor allem gute Zutaten, das heißt einen frischen, hochwertigen Kaffee (Rohkaffee & Röstung) sowie sauberes, frisches Wasser.

Der Kaffee sollte unbedingt frisch vermahlen werden, damit man möglichst viele Aromen genießen kann, außerdem kann man das Tassenergebnis maßgeblich über die Vermahlung beeinflussen.

Um gute Brühergebnisse zu einem späteren Zeitpunkt wiederholen zu können, ist es hilfreich, ein Brührezept zu erstellen, also alle Brühparameter wie Dosierung, Mahlgrad, Wassermenge, Wassertemperatur und Wasserkontaktzeit festzuhalten.

Zu Beginn kann man sich an folgendes Standardrezept für Filterkaffee halten:

- Dosierung: 55-60 g Kaffee auf 1 Liter Wasser (kann beliebig hoch- oder heruntergerechnet werden)
- Wassertemperatur: 92-96 °C
- Brühdauer: ca. 2-4 Minuten

Welche Brühmethode verwendet wird, hängt vom persönlichen Geschmack und natürlich der Praktikabilität ab. Im Folgenden sollen zunächst die einzelnen Brühparameter vorgestellt werden, im Anschluss unterschiedliche Brühverfahren.

Von links nach rechts: unterextrahiert – ausgewogen – überextrahiert.

EXTRAKTION

Das Wort „Extraktion" stammt aus dem Lateinischen („extrahere") und bedeutet „herausziehen, lösen". Es beschreibt den während des Brühprozesses stattfindenden Transfer wasserlöslicher Stoffe aus der Kaffeebohne in die flüssige Form.

Die maximale Extraktionsrate für Kaffee liegt bei 30 Prozent, erstrebenswert sind allerdings nur 18 (manche präferieren 17) bis 22 Prozent für ein ausgewogenes Tassenergebnis. Wie viele Stoffe gelöst wurden, kann man messen (z. B. mit einem Refraktometer), vor allem aber schmecken! Die unterschiedlichen Geschmäcker im Kaffee werden phasenweise extrahiert, vereinfach gesagt, werden zuerst die leicht löslichen Säuren extrahiert, anschließend die Süße, zum Schluss die schwerer löslichen Alkaloide/Bitterstoffe. Folglich schmeckt ein Kaffee mit zu wenig gelösten Stoffen sauer und flach, man bezeichnet ihn als unterextrahiert. Ein Kaffee mit zu vielen gelösten Stoffen schmeckt zu bitter und zu stark, man bezeichnet ihn als überextrahiert. In einer ausgewogenen Tasse Kaffee hingegen harmonieren Süße, Säure und Bitterkeit, sodass man gern einen weiteren Schluck nimmt.

Wie viele Stoffe man löst, kann man mithilfe der im Folgenden vorgestellten Parameter steuern.

EXTRAKTIONSRATE: Sie sagt aus, wieviel Prozent der Inhaltsstoffe aus einem Kaffee gelöst wurden (optimal 18–22 %).

Wer ein Refraktometer besitzt, kann den TDS-Wert (TDS = total dissolved solids) bestimmen und mithilfe folgender Formel die Extraktionsrate (EXT) errechnen:

EXT = (beverage / dose) * TDS

Alternativ kann man das Brewing Chart der SCA oder eine App, beispielsweise Mojo to Go (s. Abb.) benutzen.

Die SCA empfiehlt nach dem sogenannten Gold Cup Standard eine Konzentration gelöster Stoffe von 1,20–1,45 % im Filterkaffee. Im Espresso ist die Konzentration deutlich höher und liegt in der Regel zwischen 7,5–12 %.

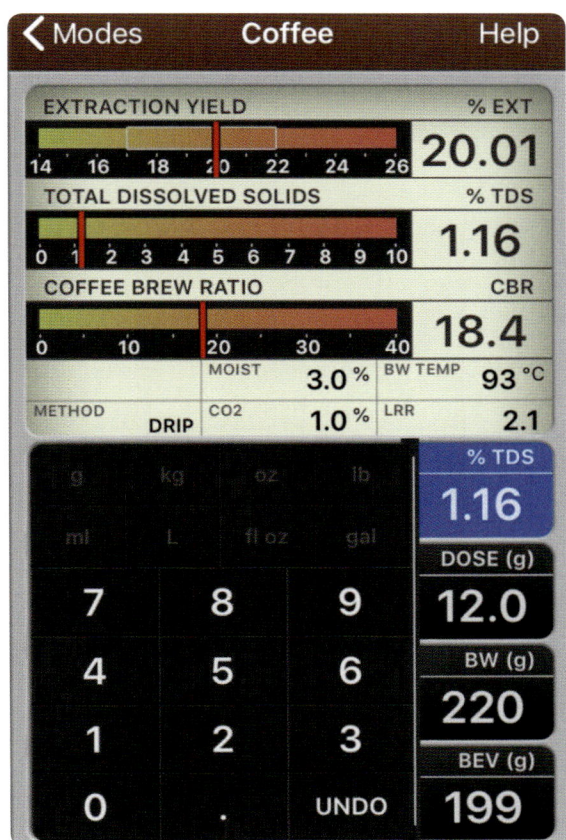

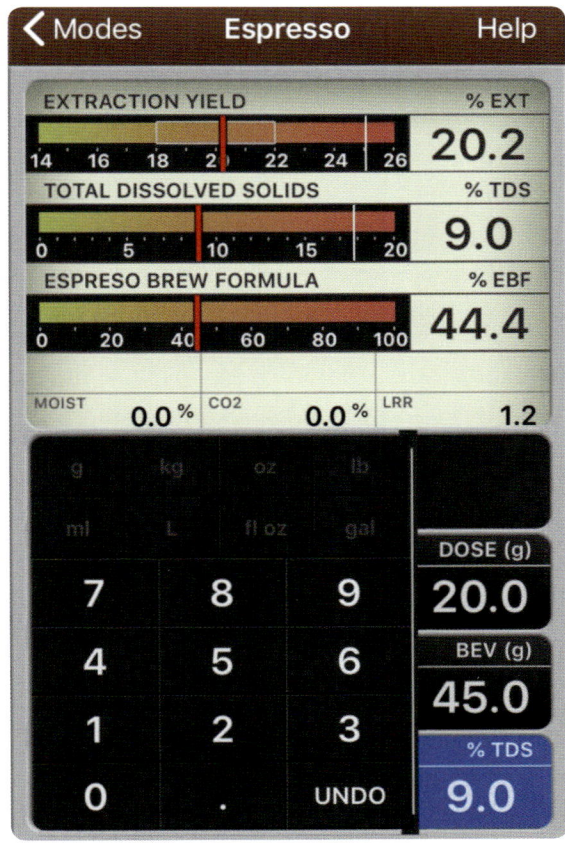

BRÜHPARAMETER

WASSER

Nicht nur die Qualität des gerösteten Kaffees, sondern auch die Wasserqualität ist für eine gute Tasse Kaffee essenziell, schließlich macht das Wasser etwa 98 % des gebrühten Kaffees aus, beim Espresso sind es ca. 88–92 %.

Spätestens wenn man seinen Lieblingskaffee mit in den Urlaub nimmt oder in eine andere Stadt zieht, merkt man, dass der gleiche Kaffee, mit anderem Wasser zubereitet, auf einmal ganz anders schmecken kann. Das gleiche Phänomen erlebt man leider häufig, wenn man einen besonderen Kaffee aus dem Urlaub mit nach Hause bringt, der dann aber leider gar nicht mehr so gut schmeckt wie im Urlaubsort.

Grundsätzlich sollte das verwendete Brühwasser frisch, sauber und geruchsneutral sein. Darüber hinaus spielen Menge, Temperatur und Wasserzusammensetzung eine entscheidende Rolle bei der Extraktion, vor allem letztere beeinflusst die Fließgeschwindigkeit sowie die Extraktionsfähigkeit. Die Menge bestimmt maßgeblich die Extraktionsrate sowie das Mundgefühl. Zudem kann sich die Wasserqualität auf den Erhaltungszustand des Brühequipments auswirken.

Chemisch betrachtet, besteht Wasser aus zwei Wasserstoffatomen und einem Sauerstoffatom (H_2O). Da Wasser aber ein hervorragendes Lö-

sungsmittel ist, enthält es außerdem zahlreiche gelöste Stoffe (Mineralien, organisches Material), weshalb es eine relativ hohe elektrische Leitfähigkeit (Konduktivität) besitzt. Die gelösten Stoffe im Wasser beeinflussen die Extraktion und somit den Geschmack des Kaffees. Man betrachtet vor allem **Härte, pH-Wert** und **Alkalinität**.

HÄRTE (°dH DEUTSCHE HÄRTE)

Die Gesamthärte bezeichnet den Gehalt gelöster Ionen im Wasser und wird in °dH (deutsche Härte) oder ppm angegeben. Man unterscheidet zwischen permanenter Härte (nicht oder schwer lösliche Stoffe wie Chloride und Sulfate, die jedoch nur geringe Bedeutung für die Kaffeezubereitung haben, da sie zunächst keine Ablagerungen verursachen) und temporärer Härte/Karbonathärte (leicht lösliche Mineralien wie Kalzium- und Magnesiumionen, die beim Erhitzen gelöst werden und unter anderem Kesselstein verursachen können).

Man unterteilt die Härte in drei Stufen: weich (weniger als 8,4 °dH) – mittel (8,4–14 °dH) – hart (mehr als 14 °dH). Für die Kaffeezubereitung wird eine Gesamthärte von 4–8 °dH bzw. 50–175 ppm $CaCO_3$ empfohlen. Hartes Wasser führt schnell zu Verkalkungen (z. B. im Wasserkocher oder im Boiler der Espressomaschine), der Kaffee wird außerdem häufig bitter, feine Nuancen werden verschleiert. Weiches Wasser kann mehr Stoffe absorbieren. Das Kaffeemehl quillt bei weichem Wasser während der Zubereitung stärker auf, was die Durchflussgeschwindigkeit verringert, wodurch mehr Stoffe extrahiert werden können.

Die Karbonathärte ist besonders interessant für die Kaffeezubereitung, da Kalzium (Ca) und Magnesium (Mg) essenzielle Geschmacksträger sind. Aktuelle Studien haben ergeben, dass besonders das Magnesium förderlich für ein komplexes Geschmacksergebnis ist. Überwiegt der Kalziumanteil in der Karbonathärte, wird der gleiche Kaffee als bitterer, adstringenter und weniger fruchtig wahrgenommen. Überwiegt hingegen der Magnesiumanteil, schmeckt man weniger Bitterkeit, stattdessen kommt die Fruchtigkeit besser zum Tragen und somit das Potenzial eines hochwertigen Spezialitätenkaffees. Die Karbonathärte war in allen Versuchskaffees gleich, nur die Kalzium-Magnesium-Relation wurde variiert. Die Anzahl der gelösten Stoffe in den Versuchskaffees blieb, unabhängig von der Kalzium-Magnesium-Relation, gleich. Warum der höhere Magnesiumanteil zu sensorisch wahrnehmbaren besseren Ergebnissen führt, wird noch erforscht.

PH-WERT

pH ist die Abkürzung für „pondus Hydrogenii", bedeutet also „Gewicht des Wasserstoffs". Der pH-Wert beschreibt demnach die Konzentration von Wasserstoffionen in einer Lösung. Je niedriger der Wert, desto saurer ist die Lösung. Die pH-Wert-Skala reicht von 1 (sehr sauer) bis 14 (sehr basisch). Für die Kaffeezubereitung wird ein neutraler pH-Wert von 7,0 empfohlen, akzeptabel ist nach SCA (Specialty Coffee Association) 6,5–7,5. Saures Wasser kann säurelastige Kaffees überbetonen, hartes, tendenziell basisches Wasser kann die Fruchtsäuren des Kaffees neutralisieren und den Körper reduzieren.

Gebrühter Kaffee hat in der Regel einen pH-Wert von 5 und liegt damit im schwach säuerlichen Bereich. Milch hingegen hat einen pH-Wert von 6,5 und liegt damit an der Grenze zum alkalischen Bereich. Wem also Kaffee aufgrund der Säure auf den Magen schlägt, dem hilft häufig schon ein kleiner Schluck Milch im Kaffee, um den pH-Wert des Getränks zu erhöhen und den Kaffee so magenschonender und bekömmlicher zu machen.

ALKALINITÄT

Als Alkalinität bezeichnet man die Konzentration von Säure neutralisierenden Ionen im Wasser (hauptsächlich handelt es sich hierbei um Hydrogenkarbonat HCO_3). Diese haben als Puffer direkten Einfluss auf die aus dem Kaffeemehl extrahierten Säuren. Ist die Alkalinität niedrig, werden die extrahierten Säuren nicht ausreichend gepuffert, und somit wird der Kaffee säuerlich. Ist die Alkalinität hingegen zu hoch, wird die extrahierte Säure zu stark gepuffert und der Kaffee dadurch flach und schal. Die SCA empfiehlt als Richtwert 40 (bis max. 75) ppm $CaCO_3$.

WASSEROPTIMIERUNG

Die lokalen Wasserwerte kann man bei den Stadtwerken vor Ort erfragen, im Internet nachschlagen oder mit Prüfsets/-geräten selbst bestimmen. Häufig verrät auch schon ein Blick in den Wasserkocher oder an die Badezimmerarmaturen, ob das Wasser aus der Leitung zu hart ist. Abhilfe schafft ein **Wasserfilter**.

Im Bereich der Wasserfilter gibt es verschiedene Technologien, um das Wasser zu optimieren und Maschinen vor Verkalkung und Korrosion zu schützen. Die Auswahl hängt vom Einsatzort und vom Rohwasser ab.

Aktivkohlefilter filtern lediglich Schwebstoffe und Gerüche (z. B. Chlor) aus dem Wasser, nehmen aber keinen weiteren Einfluss auf die gelösten Stoffe im Wasser.

Ionentauscher beeinflussen den Härtegrad des Wassers, indem sie Kalziumionen gegen Natriumionen tauschen. Das Wasser schmeckt nach der Behandlung zum Teil etwas salzig, Kaffee, der mit diesem Wasser zubereitet wird, häufig recht bitter und stark. Maschinenschutz ist zwar gegeben, geschmacklich können Spezialitätenkaffees sich so aber nicht optimal entfalten.

Alternativ kann man mithilfe von Wasserstoff **entkarbonisieren**. Bei diesem Verfahren kann zusätzlich geschmacksoptimierendes Magnesium hinzugegeben werden. Kaffees, die mit solchem Wasser zubereitet werden, haben in der Regel eine transparentere Struktur und schmecken weniger bitter, sodass Süße, Säure und Fruchtigkeit besser zur Geltung kommen.

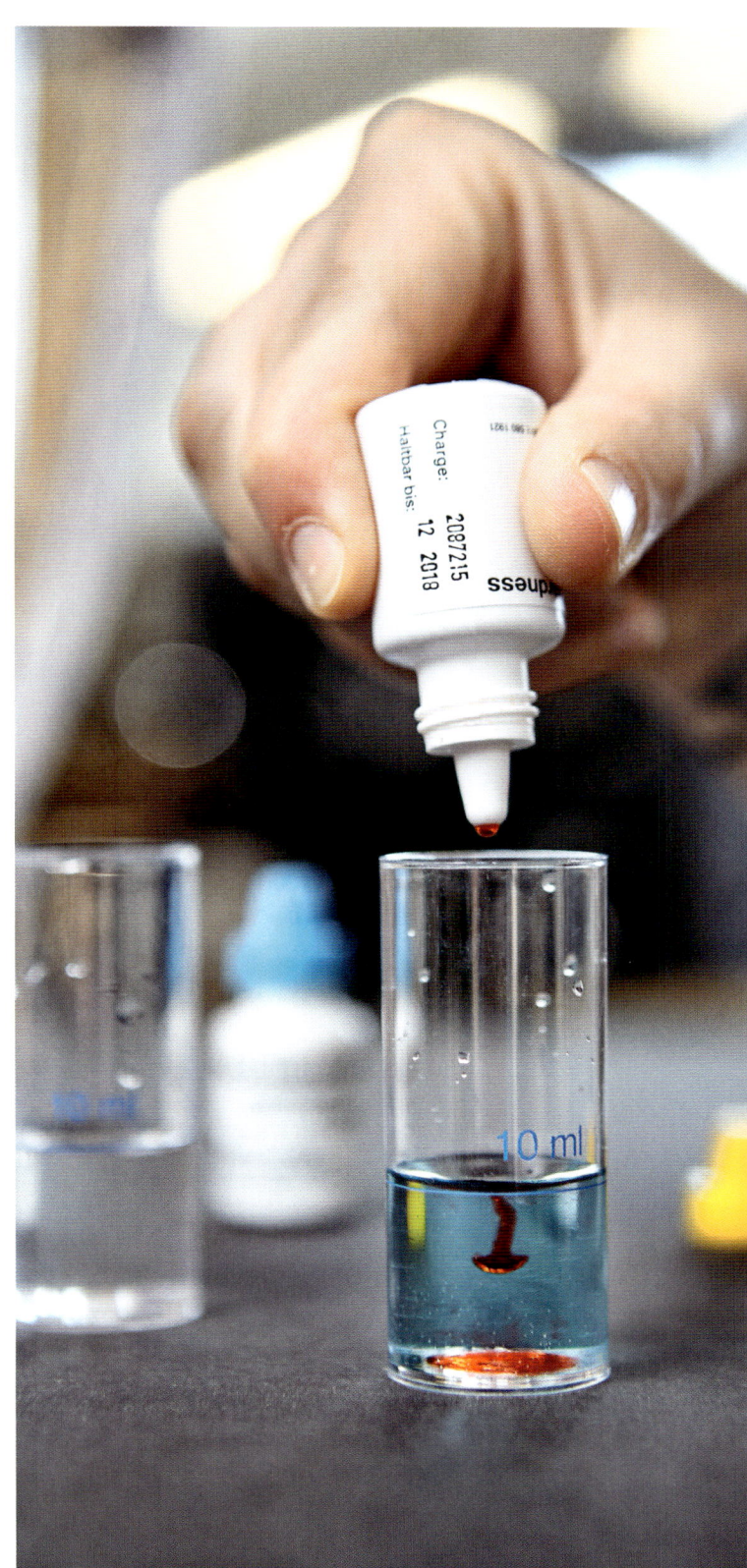

Bei den bisher genannten Verfahren führt derselbe Filter bei unterschiedlichen Rohwassern zu unterschiedlichen Ergebnissen. Soll das Ergebnis unabhängig vom Rohwasser sein, bietet sich eine **Umkehrosmoseanlage** (RO) an. Sie filtert zunächst mithilfe eines Kohlefilters und einer Membran alle festen sowie gelösten Stoffe aus dem Wasser heraus, um es anschließend nach Wunsch aufzumineralisieren. Vorteile dieser Methode sind, dass die Mineralien für das Aufmineralisieren so zusammengestellt sind, dass die Wasserwerte nach dem Prozess für die Kaffeezubereitung optimiert sind, außerdem kann man diese Wasserwerte überall auf der Welt, unabhängig vom Rohwasser, reproduzieren. Als Nachteil sind hohe Anschaffungskosten sowie eine zum Teil geringe Ausbeute zu nennen, da ein Teil des eingespeisten Wassers genutzt werden muss, um die herausgefilterten Stoffe abzutransportieren. Dieses Wasser kann aufgrund seines extrem hohen Mineraliengehalts nicht für die Kaffeezubereitung genutzt werden, kann aber beispielsweise für Bewässerung oder ähnlich verwertet werden und gelangt letztlich zurück in den Wasserkreislauf.

Egal, welchen Filter man benutzt, man sollte beachten, dass die Kapazität der Ionenaustauschharze begrenzt ist. Das Wasservolumen, für das der jeweilige Filter geeignet ist, wird vom Hersteller angegeben. Davon unabhängig sollte man spätestens nach einem Jahr die Filterkartuschen wechseln (Kartuschen für Tischwasserfilter alle vier Wochen), da dann die Silberionen erschöpft sind und keine Keimfreiheit mehr garantiert ist.

Für die Kaffeezubereitung zu Hause empfiehlt sich als kostengünstige Lösung ein **Tischwasserfilter**. Sie werden von verschiedenen Herstellern angeboten. Manche Kartuschen sind reine Kohlefilter, d. h., sie filtern lediglich Schwebstoffe und Fremdgerüche aus dem Wasser. Man sollte also darauf achten, eine Kartusche zu wählen, die auch den Härtegrad des Wassers reduziert. Es gibt sogar Kartuschen für Tischwasserfilter, die dem Wasser geschmacksoptimierendes Magnesium hinzugeben.

Alternativ kann man **abgefülltes Wasser** verwenden, dessen Werte für die Kaffeezubereitung geeignet sind.

In letzter Zeit sind außerdem **Mineralienmischungen** speziell für die Kaffeezubereitung auf den Markt gekommen, die man in destilliertem Wasser lösen kann (z. B. „Third Wave Water").

Welches Wasser man für die Kaffeezubereitung wählt, ist am Ende jedem selbst überlassen, die immense Bedeutung des Wassers für die Kaffeezubereitung sollte einem jedoch bewusst sein.

MAHLGUT

Das Mahlgut bestimmt maßgeblich den Fluss des Wassers durch das Kaffeebett und damit die Extraktion. Entscheidend sind die Menge (Filterkaffee 55–60 g/l), die Dicke des Kaffeebetts sowie der Mahlgrad.

Um die Extraktion über den Mahlgrad steuern zu können, sollte man sich unbedingt eine Mühle zulegen. Zudem beinhaltet frisch gemahlener Kaffee am meisten Aromen und liefert somit das beste Geschmacksergebnis.

VERMAHLUNG

Die Vermahlung ist essenziell für die Extraktion. Durch das Aufbrechen der Bohnen wird die Extraktionsoberfläche vergrößert sowie das in den Zellen befindlichen Gas zum Teil ausgelöst. Da viele der im Kaffee enthaltenen Aromen extrem flüchtig sind, sollte man den Kaffee umgehend nach der Vermahlung zubereiten, um Aromaverlust und Oxidation minimal zu halten.

Über den **Mahlgrad** kann man Extraktionsfläche (je feiner, desto größer die Oberfläche), Fließgeschwindigkeit (je feiner, desto langsamer) und Extraktionszeit (je feiner, desto länger) steuern und somit den TDS-Wert (Stärke) und die Extraktionsrate beeinflussen. Er muss entsprechend der Zubereitungsart und abhängig vom Kaffee (Herkunft, Dichte, Röstgrad, Frische etc.) angepasst werden, um optimal extrahieren zu können. Die Mühle ist damit (fast) das wichtigste Werkzeug bei der Kaffeezubereitung.

Die bei der Vermahlung entstehenden Partikel sollten annähernd gleich groß sein (besonders für Espressozubereitung), um eine gleichmäßige Extraktion zu ermöglichen. Staubpartikel (sogenannte „Fines") können zu einer parziellen Überextraktion führen.

Je nach Zubereitungsart werden unterschiedliche Partikelgrößen benötigt (diese werden an der Mühle nicht angezeigt, sondern müssen ausprobiert oder gemessen werden):

- French Press: 100–300 Partikel pro Bohne / ca. 1.000–1.200 Mikron
- Filter: 500–800 Partikel pro Bohne / ca. 600–800 Mikron
- Vollautomat: 1.000–3.000 Partikel pro Bohne / ca. 350–500 Mikron
- Espresso: 3.500 Partikel pro Bohne / ca. 200–500 Mikron
- Cezve/Ibrik: 15.000–35.000 Partikel pro Bohne / ca. 50–400 Mikron

Unterschiedliche Mahlgrade für unterschiedliche Zubereitungsmethoden – Partikelgrößenmessung mit dem Kruve sifter.

Bislang produziert jede Mühle bei gleichem Mahlgrad eine gewisse Partikelstreuung sowie unterschiedliche Partikelformen. Die Partikelform ist unter anderem abhängig von der Art des Mahlwerks (Kegel- oder Scheibenmahlwerk) sowie vom Schliff. Hochwertige Mühlen weisen eine geringe Streuung mit nur wenigen besonders feinen und groben Partikeln (die sogenannten „Fines" und „Boulders") auf, was förderlich für eine regelmäßige Extraktion ist, da dies einen gleichmäßigen Wasserfluss ermöglicht. Während der Extraktion werden Stoffe im Kaffee durch die Reaktion mit Wasser aufgespalten und aufgelöst (**Hydrolyse**). Die Partikelgröße bestimmt die Distanz, die die gelösten Stoffe vom Zentrum des Partikels in die Lösung zurücklegen müssen (die Oberfläche steigt exponenziell zum Durchmesser). Je größer der Partikel und je tiefer das Kaffeebett, desto geringer ist die Gefahr einer Überextraktion an der Oberfläche der Partikel.

Um eine partielle Überextraktion zu verhindern, kann man optional nach der Vermahlung mit speziellen Sieben (z. B. „Kruve Sifter") die Fines entfernen, um Bitterstoffe zu reduzieren und dadurch die Süße und die Säure eines Kaffees hervorheben.

Die Partikelstreuung wird nicht nur durch die Qualität eines Mahlwerks, sondern auch durch seine Abnutzung beeinflusst. Sind flache Mahlscheiben stark abgenutzt, entstehen deutlich mehr Staubpartikel bei der Vermahlung, was sowohl den Kaffeefluss als auch die Extraktionsoberfläche und somit das Tassenergebnis beeinflusst. Ersetzt man diese abgenutzten Mahlscheiben durch neue, wird die Vermahlung nicht nur schneller erfolgen, sondern auch das Ergebnis weniger bitter sein.

Die Befüllung des Hoppers wirkt sich ebenfalls auf die Partikelverteilung aus. Es empfiehlt sich, den Bohnentrichter großzügig zu befüllen, sodass bei der Vermahlung Druck von oben ausgewirkt wird; die Vermahlung wird dadurch gleichmäßiger.

Die **Drehgeschwindigkeit** des Mahlwerks wirkt sich direkt auf die Partikelstreuung aus. Je schneller die Vermahlung (bei gleicher Mahlscheibengröße), desto größer die Streuung. Bei neueren Mühlen kann man daher die Drehgeschwindigkeit variieren (bei der Mythos 2 z. B.: 600–1.200 rpm).

Die **Vermahlungstemperatur** beeinflusst das Mahlergebnis ebenfalls. Vermahlt man beispielsweise gefrorenen Kaffee, entstehen weniger Staubpartikel als bei der Vermahlung von nicht gefrorenem Kaffee. Bei der Frage, ob Kaltvermahlung aromaschonender ist oder man seine Kaffeebohnen lieber im Sous-Vide-Garer vorwärmen sollte, scheiden sich die Geister. Fest steht, dass Temperaturschwankungen bei der Vermahlung zu ungleichmäßigen Ergebnissen führen. Gerade in hoch frequentierten Cafés sollte man daher auf Mühlen mit Temperaturregulierung setzen, um die Getränkequalität stabil zu halten.

Aber auch **Umgebungstemperatur** und **Luftfeuchtigkeit** wirken sich auf die Vermahlung aus, besser gesagt auf die Kaffeebohnen und durch sie auf das Mahlergebnis. Kaffee ist hygroskopisch, d. h., er nimmt Feuchtigkeit aus der Umgebungsluft auf. Ändert sich also im Laufe des Tages die Luftfeuchtigkeit, muss ggf. der Mahlgrad justiert werden, um bei gleichem Rezept dieselbe Extraktionszeit zu erreichen (das gilt insbesondere für Espresso).

Darüber hinaus darf man nicht vergessen, dass auch der Kaffee selbst sich nach dem Rösten kontinuierlich verändert. Besonders bemerkbar macht sich bei der Zubereitung der CO_2-Gehalt, also die Röstfrische. Das bei der Röstung entstandene CO_2 gast nach der Röstung langsam aus (abhängig von Verpackungsmaterial und Temperatur). Ein sehr frisch gerösteter Kaffee enthält noch sehr viel Kohlendioxid, er quillt während der Zubereitung stark auf, das Wasser fließt langsamer durch das Kaffeebett. Im Laufe der Lagerung nimmt der CO_2-Gehalt ab, d. h., bei gleichbleibendem Brührezept und Mahlgrad würde das Wasser im Verlauf des **Ausgasungsprozesses** immer schneller durch das Kaffeebett laufen können und sich somit das Geschmacksergebnis verändern, der Kaffee würde immer saurer. Um dem entgegenzuwirken, muss der Mahlgrad angepasst, also entsprechend feiner gestellt werden.

Ebenso wichtig für ein gutes Mahlergebnis ist die **Sauberkeit** der Mühle. Wachse, Öle und Fette aus den Kaffeebohnen können sich mit der Zeit im Vorratsbehälter (Hopper) sowie im Mahlwerk ablagern. Dort oxidieren sie schnell und werden ranzig, was das Tassenergebnis negativ beeinflussen kann. Regelmäßige Pflege der Mühle ist daher unabdingbar: Den Bohnenbehälter sollte man nur befüllen, wenn die Mühle verwendet wird, anschließend sollte man ihn mit einem feuchten Tuch auswaschen. Das Mahlwerk kann man mit speziellen Reinigungsbohnen (z. B. „Grinds"), die Kaffeeöle binden, säubern. Noch gründlicher ist es – sofern möglich –, die Mühle aufzuschrauben, auszusaugen und das Mahlwerk auszupinseln oder abzubürsten.

Zudem sollte man regelmäßig den Mahlwerkverschleiß kontrollieren. Für zu starke Abnutzung gibt es mehrere Indikatoren:

- Die Mahlscheiben fühlen sich stumpf und abgenutzt an.
- Die Vermahlung wird langsamer.
- Der feinste Mahlgrad nicht mehr fein genug.
- Erhöhte Anzahl von Fines
- Verstärke Hitzeentwicklung sowie Klümpchenbildung im Mahlgut
- Ungleichmäßige Extraktion
- Bitterer Kaffee

MÜHLENARTEN

Es gibt zahlreiche Mühlenarten: Handmühlen, elektrische Haushaltsmühlen, Vorratsmühlen und Grind-on-Demand-Mühlen für die Espressovermahlung, Ladenmühlen für die Vermahlung größerer Mengen sowie industrielle Mühlen. Entscheidend für die Vermahlung und das Mahlergebnis ist vor allem das darin befindliche Mahlwerk.

In den meisten Cafés findet man Mühlen mit Scheiben- oder Kegelmahlwerk. Neuerdings gibt es auch Mühlen, die beide kombinieren. Scheibenmahlwerke sind beliebt, weil sie schnell und leise mahlen und das Mahlgut relativ gleichmäßig ist. Bei Dauerbelastung – besonders von Mahlscheiben mit kleinem Durchmesser – kann es ohne Temperaturregulierung schnell zu Erhitzung kommen. Mahlscheiben mit geringen Durchmesser nutzen sich zudem verhältnismäßig schnell ab. Kegelmahlwerke hingegen sind langlebiger und temperaturstabiler, jedoch langsamer und zum Teil lauter bei der Vermahlung. Das Mahlgut kann ungleichmäßiger sein. Nicht zu empfehlen ist der Einsatz von Schlagmessermühlen, deren rotierende Messer die Kaffeebohnen zerschlagen. Diese Mühlen sind zwar kostengünstig, weisen allerdings eine hohe Hitzeentwicklung auf, der Mahlgrad ist nicht einstellbar/kontrollierbar, die Partikel sind sehr ungleichmäßig, und der Kaffee kann verbrannt, bitter und ranzig schmecken.

Tipp: Beim Einstellen des Mahlgrades ist zu beachten, dass die meisten Mahlwerke nicht leermahlend sind, d. h., nach dem Vermahlen befindet sich noch Mahlgut zwischen den Mahlscheiben oder -kegeln. Wie groß dieser sogenannte „Totraum" ist, hängt von der Konstruktion der Mühle ab. Sind die Mahlscheiben vertikal, statt horizontal verbaut, ist der Totraum deutlich minimiert.

Will man direkt sehen, wie sich ein neuer Mahlgrad auf die nächste Brühung auswirkt, sollte man zunächst das alte Kaffeemehl mit dem vorhergehenden Mahlgrad aus dem Totraum herausmahlen.

ZEIT

Die Extraktionszeit beginnt, sobald das Brühwasser auf das Kaffeemehl trifft, und endet, wenn der Kaffeestrahl abreißt. Ihre Dauer wird durch den Mahlgrad reguliert: ein grober Mahlgrad bietet wenig Widerstand für das Wasser, eine geringere Oberfläche und führt damit zu einer kürzeren Extraktionszeit. Ein feiner Mahlgrad erhöht den Widerstand für das Wasser, bietet eine größere Oberfläche und führt damit zu einer längeren Extraktionszeit.

Generell erfordern lange Brühvorgänge einen gröberen Mahlgrad als kurze. In jeden Fall muss der Mahlgrad individuell auf den jeweiligen Kaffee sowie die Brühmethode abgestimmt werden. Die resultierende Extraktionszeit dient schon vor dem Probieren als Indikator, ob die Extraktion geglückt ist.

Als grobe Orientierung können folgende Zeiten dienen:

- Filterkaffee: 1,5–6 min.
- French Press: 4–6 min.
- Mokka: 1–2 min.
- Karlsbader Kanne: 1–5 min.
- Espresso aus der Siebträgermaschine: 20–30 Sek.

TURBULENZEN

Als Turbulenz bezeichnet man die Vermischung/Verwirbelung von Wasser und Kaffee. Je mehr Verwirbelung erfolgt, desto gleichmäßiger ist der Kontakt von Kaffee und Wasser und desto mehr Teilchen werden aus dem Kaffee gelöst. Dementsprechend kann man die Extraktionsrate durch Umrühren steigern.

Durch Turbulenzen lässt sich die Extraktion steigern.

DAS ZUSAMMENSPIEL DER BRÜHPARAMETER

Mit etwas Geduld und Übung findet man schnell die richtigen Brühparameter für seinen Kaffee heraus und schafft es, eine Extraktionsrate von ca. 20 % zu erreichen und damit eine ausgewogene Tasse Kaffee, in der Süße, Säure und Bitterkeit harmonieren.

Ist dies nicht der Fall, könnte es sein, dass der Kaffee über- oder unterextrahiert ist. Hierfür gibt es jeweils unterschiedliche Gründe. Um die Extraktion systematisch zu optimieren, sollte man möglichst immer nur einen Parameter verändern.

Überextraktion (mehr Stoffe als gewünscht wurden extrahiert, der Kaffee schmeckt bitter, unausgewogen und adstringierend)

→ Wasserkontaktzeit zu lang

→ zu wenig Mahlgut im Verhältnis zum verwendeten Wasser

→ Mahlgrad zu fein

→ Wasser zu heiß oder zu hart

Unterextraktion (zu wenige Stoffe gelöst, der Kaffee schmeckt flach, sauer und unausgewogen)

→ Wasserkontaktzeit zu kurz

→ Mahlgrad zu grob

→ Wasser zu kalt

→ zu wenig Wasser im Verhältnis zum Mahlgut

FINETUNING

Ist man mit seiner Extraktion im gewünschten Bereich angelangt, gibt es noch jede Menge Möglichkeiten, über die unterschiedlichen Brühparameter einzelne Nuancen aus dem Kaffee herzuarbeiten und zu betonen.

Will man zum Beispiel mehr Körper im Kaffee, kann man die Brew Ratio (Brührate) verändern, indem man die Dosierung des Kaffeemehls erhöht. In diesem Fall sollte man auch den Mahlgrad anpassen, da sich die Extraktionsrate sonst mitverändert.

Über die Temperatur kann man unter anderem Einfluss auf die Säuren nehmen. Häufig kommen positive Fruchtsäuren bei niedrigeren Temperaturen besser zur Geltung; will man sie etwas dämpfen, kann man etwas heißer brühen.

Dies sind nur zwei Beispiele für zahllose Möglichkeiten, die sich aus dem Zusammenspiel der Brühparamter ergeben. Der Phantasie und Neugier sind keine Grenzen gesetzt, man kann nach Herzenslust experimentieren und seinen Kaffee in allen Facetten kennenlernen – Hauptsache ist, dass er am Ende schmeckt.

ZUBEREITUNGSMETHODEN

Grundsätzlich unterscheidet man zwischen **Brühverfahren mit und ohne Ausübung von Druck**. Die **Brühverfahren ohne Druck** werden weiterhin in **Immersion-** und **Drip-Verfahren** untergliedert:

Als **Immersion** oder **Steeping** bezeichnet man die Methoden, bei denen das Kaffeemehl zunächst komplett im Brühwasser eingeweicht und anschließend separiert wird, wie beispielsweise beim Cupping (Direktaufguss), der French Press, der AeroPress (inverted) oder dem Clever Dripper.

Bei der Zubereitung im Syphon wird das Kaffeemehl zunächst eingeweicht und anschließend mithilfe eines Vakuums durch ein Filtermedium separiert.

Kocht man das Kaffeemehl im Wasser aus, ist eine vollständige Extraktion möglich, dieses Verfahren bezeichnet man als **Dekoktion**.

Bei einer **Drip-Zubereitung** fließt das Wasser kontinuierlich durch das Kaffeemehl und eine Filterbarriere, als Beispiele wären hier Filtermaschine, Handfilter oder die Karlsbader Kanne zu nennen. Der Mahlgrad beeinflusst die Fließ- und Extraktionsgeschwindigkeit maßgeblich und ist daher bei der Drip-Zubereitung noch entscheidender für das Tassenergebnis als beim Immersion-Verfahren.

Einfach einmal ausprobieren – die Vielfalt der Brühmethoden lädt zum Experimentieren ein.

Feine Unterschiede – die Filtermaterialien beeinflussen Extraktion und Geschmack.

Filter sind in unterschiedlichen Materialien erhältlich, die alle unterschiedliche Filtrationseigenschaften und zum Teil einen leichten Eigengeschmack aufweisen.

Papier: Papierfilter gibt es in unterschiedlichen Größen, Stärken, Formen und aus unterschiedlichen Papiersorten. Es empfiehlt sich, eine Sorte mit möglichst geringem Eigengeschmack zu wählen. Ähnlich wie Kaffee kann Papier fremde Aromen annehmen; man sollte deshalb sein Filterpapier, genau wie den Kaffee, möglichst luftdicht und geschützt vor fremden Aromen wie Tee oder Gewürzen lagern. Es ist gängige Praxis, den Papierfilter vor der Kaffeezubereitung gründlich mit heißem Wasser auszuspülen (rinsing).

Beim Brühen mit Papierfilter bleiben teilweise Stoffe, insbesondere Öle und Schwebstoffe, aus dem extrahierten Kaffee im Filter zurück. Das Ergebnis ist daher häufig eine sehr klare, transparente Tasse, besonders die Fruchtnoten und -säuren kommen bei dieser Art der Zubereitung gut zur Geltung.

Metall: Metallfilter haben den Vorteil, dass man sie dauerhaft wiederverwenden kann, manche Menschen stören sich jedoch an dem häufig metallischen Beigeschmack. Anders als beim Papierfilter, gelangen hier Öle und Schwebstoffe (Fines) mit in die Tasse, sodass das Ergebnis insgesamt vollmundiger ist; die Säuren werden stärker in die Tasse eingebunden und treten nicht ganz so dominant in den Vordergrund. Es ist wichtig, diese Filter jedes Mal nach der Benutzung gründlich zu reinigen, da sonst Kaffeeöle zurückbleiben und ranzig werden können. Dieser unangenehme Geschmack könnte dann bei der nächsten Benutzung ungewollt mit in die Tasse gelangen.

Rinsing – Durchspülen des Filterpapiers vor der Zubereitung.

Stoff: Stofffilter kann man ebenfalls wiederverwenden, auch bei ihnen ist gründliche Reinigung extrem wichtig, da sich sonst, genau wie bei Metallfiltern, der Geschmack von ranzigen Ölen zum Stoffgeschmack gesellt.

Keramik: Keramikfilter geben als einzige keinen Eigengeschmack ab. Ihre Herstellung ist sehr aufwendig, daher sind sie etwas hochpreisiger als die übrigen Filtermaterialien. Man kann sie jedoch dauerhaft wiederverwenden. Geschmacklich wird nichts „weggefiltert", die Tasse ist dennoch sehr klar.

Bei der Zubereitung mit **Druck**, zum Beispiel mit einer **Espressomaschine**, wird das Wasser mit einem Druck von 2-12 bar durch einen kompakten Kaffeekuchen gedrückt. Der Druck kann mittels Pumpen oder Federn aufgebaut werden.

Bei italienischen **Herdkännchen** ist der Druck geringer (ca. 1-1,5 bar), da er ausschließlich über den beim Erhitzen des Wassers entstandenen Dampf generiert wird.

Vollautomaten brühen meist mit einem **Perkolator-Prinzip**, d. h, es wird Wasser zum Kaffeemehl in eine Brühkammer gepumpt. Sobald die Kammer voll und ein gewisser Druck aufgebaut ist, öffnet sich ein Ventil, sodass der Kaffee aus der Brühkammer gedrückt wird; das Kaffeemehl wird hierbei separiert und bleibt komprimiert in der Brühkammer zurück. Anschließend kann es ausgeworfen werden.

Ganz ohne Eigengeschmack –
das feine Porzellangitternetz
der Karlsbader Kanne.

BRÜHVORGANG

Einige Brühvorgänge (z. B. Drip) beginnen mit einer **Präinfusion** bzw. einem **Quellen** oder „**Blooming**". Hierbei wird zunächst das Kaffeemehl benetzt, das Kaffeemehl quillt auf, weil das im Kaffeemehl befindliche CO_2 durch das Wasser freigesetzt wird, der Kaffee fließt jedoch noch nicht durch die Filterbarriere. Die verwendete Wassermenge sollte der Menge des Kaffeemehls 1:1 bis maximal 1:2 entsprechen, damit der Kaffeefluss nicht direkt beginnt (1 g gemahlener Kaffee absorbiert je 2 g Wasser, die Dauer ist abhängig vom Rohkaffee, Röstkaffee, Brühwasser und der Vermahlung). In der Regel lässt man den Kaffee etwa 30 Sekunden lang quellen. Quillt der Kaffee stark auf, ist noch viel Kohlenstoffdioxid im Kaffee vorhanden, was darauf schließen lässt, dass er vermutlich sehr frisch geröstet ist.

Ob die Präinfusion notwendig ist, um mehr Aromen zu lösen und dem Wasser einen gleichmäßigeren Fluss zu ermöglichen, oder ob sie sich schlicht als fester Bestandteil des Brührituals eingebürgert hat, ist umstritten.

Blooming: Benetzen und Aufquellen des Kaffees zu Beginn des Brühvorgangs.

BRÜH- UND FILTERMETHODEN

Im Folgenden sollen exemplarisch einige Brühmethoden und -rezepte vorgestellt werden. Sie sollen als Anregung zum Ausprobieren dienen und dürfen gern variiert werden.

ZUBEHÖR

Um die Extraktion kontrollieren und optimieren zu können, empfiehlt sich folgendes Zubehör:

- Wasserfilter
- Kessel/Wasserkocher
- Thermometer
- Waage (möglichst mit Kommastelle)
- Mühle
- Zubereitungsutensil + ggf. Filtermaterialien
- evtl. Rührstäbchen (z. B. aus Bambus)
- Timer

DIREKTAUFGUSS

Der Direktaufguss (Full Immersion), genau wie ein Cupping, ist die purste Form, einen Kaffee zu genießen, da nichts aus dem Kaffee herausgefiltert wird und so das volle Potenzial einer Bohne zur Geltung kommt. Das Tassenergebnis zeichnet sich durch einen extrem voller Körper und intensiven Geschmack sowie ein angenehmes Mundgefühl aus.

Zubereitung:

- Kaffee frisch mahlen

- Kaffeemehl ins Kännchen dosieren (z. B. 12 g/200 ml)

- heißes Wasser über grob gemahlenen Kaffee gießen (z. B. 200 g Wasser, 93 °C, 12 g Kaffee)
- umrühren
- vier Minuten ziehen lassen

- Kruste mit einem Löffel brechen (dadurch wird die Extraktion beendet, und das Kaffeemehl sinkt zum Gefäßboden)

- braunen Schaum mit zwei (Cupping-)Löffeln abschöpfen

- nach ca. einer Minute dekantieren

Einfache Zubereitung, großer Genuss – Kaffee aus der Pressstempelkanne.

PRESSSTEMPELKANNE

Das Vorgehen bei der Pressstempelkanne (French Press, Bodum-Kanne, Espro Press) ähnelt dem Direktaufguss sehr, unterscheidet sich aber darin, dass das Kaffeemehl am Ende der Zubereitung mittels eines Siebstempels separiert wird.

Zubereitung:

- Kaffeebohnen abwiegen
- Kaffee grob mahlen
- Kaffeemehl ins Kännchen füllen
- heißes Wasser über frisch gemahlenen Kaffee gießen (z. B. 300 g Wasser, 93 °C, 18 g Kaffee in einem kleinen Stempelkännchen)
- umrühren
- vier Minuten ziehen lassen
- Kruste mit einem Löffel brechen (dadurch wird die Extraktion beendet, und das Kaffeemehl sinkt zum Gefäßboden)
- Stempel aufsetzen und herunterdrücken
- ggf. dekantieren (bei der Espro Press nicht notwendig)

CLEVER DRIPPER

Der Clever Dripper ist eine geschickte Verbindung von Full Immersion und Drip. Der Zubereiter sieht einem Handfilter auf den ersten Blick zum Verwechseln ähnlich, am Boden befindet sich allerdings ein Schließmechanismus, der sich erst beim Aufsetzen des Filters auf ein Gefäß öffnet. Somit kann das Kaffeemehl beliebig lange mit dem Wasser im Filter ziehen, sobald das Ventil geöffnet wird, läuft der fertige Kaffee gleichmäßig aus und wird über ein Filtermedium (es passen sowohl Spitzfilter als auch klassische Filtertüten mit Falz) separiert. Das Ergebnis ist sehr reproduzierbar, und eine gute Alternative für diejenigen, die die Zubereitung in der Stempelkanne schätzen, jedoch eine klarere Tasse ohne Schwebstoffe bevorzugen.

Zubereitung:

- Kaffeebohnen dosieren
- Kaffee frisch mahlen

- Filter in den Dripper setzen (ggf. „rinsen")

- Mahlgut in den Filter geben, gleichmäßig verteilen

- heißes Wasser über Kaffeemehl gießen (z. B. 300 g Wasser, 93 °C, 18 g Kaffee)

- umrühren

- vier Minuten ziehen lassen

- Clever Dripper auf Kanne/Tasse setzen, um Ventil zu öffnen

HANDFILTER

Der Handfilter (z.B. Melitta, Hario V60, Chemex, Kalita Wave) ist eine facettenreiche Methode mit vielen Möglichkeiten zum Experimentieren, um Kaffee portionsweise oder in größeren Mengen zuzubereiten.

Da Öle und Bitterstoffe zum Teil im Filterpapier zurückbleiben, ist das Ergebnis meist eine klare Tasse mit leichtem Körper sowie prononcierter Süße und Säure.

Je nach Filterform, -größe, -material und -winkel fallen die Ergebnisse unterschiedlich aus. Da dies jedoch abhängig vom verwendeten Kaffee ist, lassen sie sich kaum verallgemeinernd voraussagen.

Die „Mutter" des Filterkaffees ist gewissermaßen der 1908 in Minden von Melitta Benz entwickelte Handfilter. Dieser noch heute sehr beliebte **Melitta-Filter** neigt aufgrund seiner charakteristischen falzförmig zulaufenden Form leider zu einem Stau am Ende der Extraktion, was nicht selten zu einem bitteren Tassenergebnis führt. Der Melitta-Handfilter ist in verschieden Größen erhältlich und weist je nach Herstellungsjahr unterschiedlich viele Löcher auf.

Die **Chemex** wurde 1939 von dem aus Kiel stammenden Chemiker Peter Schlumbohm in den USA zum Patent angemeldet. Die formschöne Karaffe ist zugleich Zubereiter und Dekanter: Das Filterpapier wird für die Zubereitung in den oberen trichterförmigen Teil der Karaffe gesetzt und nach abgeschlossener Zubereitung entfernt, sodass der Kaffee direkt in der Chemex serviert werden kann. Im unteren, bauchigen Teil der Karaffe lässt sich der Kaffee wie in einem Weindekanter gut schwenken, sodass die Aromen besonders gut zur Geltung kommen können. Die größeren Varianten der Chemex eignen sich hervorragend für die Zubereitung von größeren Mengen Kaffees (bis zu 12 Tassen). Durch das dicke, gefaltete Filterpapier erfolgt die Extraktion in der Regel etwas langsamer als bei den anderen Filtermethoden. Der Kaffee wird dennoch nicht zwangsläufig bitter, weil bei der Zubereitung mit der Chemex gerade die Bitterstoffe, ebenso wie Papier- oder Holznoten, im Filter zurückbleiben können.

Die Chemex ist eine Designikone.

Der in Japan gefertigte **Hario-V60-Filter** behebt das „Melitta-Stauproblem" durch seine spitz zulaufende Form (60°-Winkel), ein großes Loch zum Ablaufen sowie tordierte Rippen an der Innenseite des Filters, um einen gleichmäßigen Durchlauf den Kaffees zu unterstützen.

Mittlerweile gibt es zahlreiche Filtervarianten von anderen Herstellern, die zum Beispiel den Winkel variieren.

Der ebenfalls aus Japan stammende **Kalita-Wave-Filter** zeichnet sich durch einen flachen Filterboden sowie ein großflächiges, am Rand wellenförmiges Filterpapier aus. Die Form des Filters erinnert an Batch Brewer zum Brühen großer Mengen Kaffees. Aufgrund des flachen Filterbodens ist das Kaffeebett annähernd zylindrisch und dadurch weniger fehleranfällig während der Extraktion. Im Vergleich zum Hario V60 hat der Kaffee häufig einen etwas leichteren Körper sowie einen leicht kräuterähnlichen Abgang.

Zubereitung:

- Kaffeebohnen dosieren
- Kaffee frisch mahlen

- Filter (möglichst weißes Papier) mit heißem Wasser ausspülen (rinsing)

- Mahlgut in den Filter geben, gleichmäßig verteilen

- Kaffeepulver mit heißem Wasser benetzen (Präinfusion)

- 30 Sekunden quellen lassen (blooming)
- die Extraktion kann unterstützt werden, indem während des Quellens vorsichtig im Kaffeebett gerührt wird

- Variante A (Intervall): restliches Wasser in kleinen Mengen intervallartig in kreisenden Bewegungen aufgießen (z. B. alle 30 Sek. 50 g)

- Variante B (zwei Phasen): das gesamte Brühwasser möglichst innerhalb einer Minute aufgießen (Hintergrund: 60 % der Extraktion vollziehen sich während der ersten Minute), anschließend umrühren, um die Extraktion durch Turbulenzen zu unterstützen und um zu verhindern, dass ein Teil des Kaffeemehls im oberen Bereich des Filters hängen bleibt und nicht weiter extrahiert wird.

- Variante C (kontinuierlich): langsam und kontinuierlich das Wasser in kreisenden Bewegungen (von außen nach innen, wieder nach außen usw.) auf das Mahlgut gießen.

- Generell beim Aufgießen das Filterpapier möglichst nicht berühren, da es sonst nicht mit dem Kaffeemehl in Kontakt kommt.

KARLSBADER KANNE

Dank des feinen Porzellanfilters gelangt während der Zubereitung kein Fremdgeschmack in den Kaffee. Da die Öle nicht herausgefiltert werden, zeichnet sich das Tassenergebnis durch einen vollen Körper aus. Verwendet man einen mittleren bis feinen Mahlgrad, unterstützen die kleinen Partikel zusammen mit dem Porzellangitternetz die Filtration, sodass der Kaffee überraschend klar ist.

Zubereitung:

- Kaffee dosieren und frisch mahlen
- Kanne vorwärmen

Der Kaffee aus der Karlsbader Kanne ist überraschend klar.

- Mahlgut in den mittleren Teil der Kanne geben

- „Verteiler"/oberes Porzellansieb aufsetzen
- evtl. 30 Sekunden Präinfusion
- heißes Wasser in Intervallen (z. B. alle 30 Sek. 50 g) durch oberes Porzellansieb gießen

AEROPRESS

Die Aeropress wurde 2005 von dem Amerikaner Alan Adler erfunden (Der Hersteller Aerobie produziert sonst sehr gute Frisbees). Diese vermutlich variantenreichste Filterkaffeemethode eignet sich für die Zubereitung einer Tasse Kaffee, und die Aeropress kann dank ihrer leichten und kompakten Form sehr gut unterwegs genutzt werden. Darüber hinaus zeichnet sie sich durch Schnelligkeit und einfache Reinigung aus. Es stehen verschiedene Filter aus Papier oder Metall zur Verfügung. Brüht man nach der Inverted-Methode, sorgen die Full Immersion sowie das Vakuum für eine gleichmäßige Extraktion und einen intensiven Geschmack. Durch Turbulenzen (Umrühren) kann die Extraktionsrate erhöht werden. Schon kleine Veränderungen beim Brühen bewirken deutliche Unterschiede in der Extraktion. Damit bietet die Aeropress sehr viel Freiraum zum Experimentieren (nicht ohne Grund gibt es eigene Meisterschaften, bei denen die Teilnehmer einen vorgegebenen Kaffee nach ihrem eigenen Rezept bestmöglich brühen), allerdings stellt die Reproduzierbarkeit guter Ergebnisse häufig ein Problem dar.

Zubereitungsbeispiel (inverted):

- Kaffeebohnen dosieren
- Kaffee frisch mahlen

- Saugpumpe am Brühbehälter ansetzen und über Kopf aufstellen

- Mahlgut in den Brühbehälter füllen (z. B. 14 g, grob gemahlen)
- Filter ggf. mit heißem Wasser ausspülen (rinsing)
- heißes Wasser (z. B. 200 g, 94 °C) über das Mahlgut gießen

- umrühren
- 90 Sekunden ziehen lassen
- umrühren
- Filter aufsetzen und festdrehen

- bruchsicheres Gefäß über Kopf auf die Aeropress setzen
- Aeropress vorsichtig umdrehen
- Saugpumpe herunterdrücken (ca. 30 Sek.)

VAKUUM-KAFFEEBEREITER

Der Vakuum-Kaffeebereiter/Syphon wurde bereits in den 1830er-Jahren in Berlin erfunden und gehört sicherlich zu den spektakulärsten hier betrachteten Zubereitungsarten. Er kann mit Papier- oder Stofffiltern betrieben werden.

Zubereitung:

- Kaffeebohnen dosieren
- Kaffee frisch mahlen (12 g Kaffeemehl)

- (200 ml heißes Wasser) in runden Glaskolben füllen

- Filter in oberen Kolben einspannen
- Kolben locker aufsetzen
- Wasser im unteren Kolben erhitzen, es steigt in den oberen Kolben

- sobald das Wasser oben angekommen ist, Kaffeemehl hinzugeben und verrühren

- 30 Sek. – 1 Min. ziehen lassen
- umrühren

- Hitzequelle entfernen
  → die Luft im unteren Kolben kühlt ab

→ Syphoneffekt: der Kaffee wird durch den Filter in den unteren Kolben gezogen

COLD BREW

Kaffee muss nicht zwangsläufig mit heißem Wasser zubereitet werden, er kann auch kalt extrahiert werden. Das Ergebnis wird kalt genossen und ist besonders im Sommer pur auf Eis oder in Kombination mit Tonic (oder Gin & Tonic) ein Genuss.

Um trotz der niedrigen Brühtemperatur auf eine angemessene Extraktionsrate zu kommen, wird die Extraktionszeit auf 12–24 Stunden erhöht. Zudem löst das kalte Wasser teilweise andere Aromen als heißes, das Ergebnis ist häufig mild und süß, durch den oxidativen Prozess kommen – meist unabhängig vom Kaffee – schokoladige Noten zum Vorschein. Je nach Dosierung ist der Cold Brew direkt trinkfertig und hat einen leichten Körper (beispielsweise 70 g grob gemahlener Kaffee auf einen Liter kaltes Wasser) oder hoch konzentriert, intensiv und fast likörartig (z. B. 60–220 g/l oder 70 g/700 g Eiswasser).

Im Kühlschrank ist der Cold Brew bis zu zwei Wochen haltbar (am besten das Gefäß vor dem Abfüllen sterilisieren).

Zubereitung im **Water Dripper**

- das Mahlgut (70 g Kaffeemehl) in den mittleren Kolben füllen
- das Kaffeepulver mit 700 ml kaltem Wasser benetzen und umrühren (Präinfusion)
- den Papierfilter ausspülen (rinsing) und auf das gleichmäßig verteilte Kaffeebett setzen
- Eiswasser in den oberen Kolben geben
- Ventil aufdrehen (1–2 Tropfen/Sekunde)

Zubereitung als **Cold Brew**

- Kaffeemehl und Wasser in einer Stempelkanne oder Karaffe vermischen
- gut umrühren, sodass das gesamte Kaffeemehl nass ist
- 12–24 Stunden bei Zimmertemperatur ziehen lassen
- abfiltern (z. B. mit einem Hario- oder Kalita-Filter)

La Marzocco Linea PB – Garant für Qualität in allen roestbars.

ESPRESSO & MOCCA

In dem italienischen Wort „Espresso", das man im allgemeinen Sprachgebrauch mit einem schnell zubereiteten, konzentrieren Kaffeegetränk verbindet, häufig auch mit dunklen Röstungen, stecken zwei weitere entscheidende Elemente für die Definition eines Espressos: zum einen das Wort „espressamente" = „ausdrücklich" (für jemanden), zum anderen das Wort „pressione" = „Druck". Demnach wird ein Espresso mit Druck und ausdrücklich für jemanden zubereitet und wird streng genommen erst zum Espresso, sobald er serviert ist.

Der Röstgrad eines Kaffees hat nichts mit der Definition eines Espressos zu tun, ausschlaggebend ist die Zubereitung. Welchen Röstgrad der Kaffee für die Espressozubereitung hat, ist dem persönlichen Geschmack überlassen. Schätzt man klassischen Espresso mit dunklen Noten, schwerem Körper und Röstaromatik, eignet sich eine dunkle Röstung; will man die fruchtigen Seiten des Espressos erkunden, eignen sich durchaus helle Röstungen. Ausprobieren lohnt sich!

Für die Espressozubereitung gelten grundsätzlich dieselben **Brühparameter** wie für die Filter- und Brühkaffeezubereitung, nur dass ein relativ hoher Brühdruck hinzukommt, der den gesamten Extraktionsprozess beschleunigt und fehleranfälliger macht, aber auch zu einem konzentrierteren Getränk führt.

Entscheidend für das Extraktionsergebnis, das ebenfalls eine Extraktionsrate zwischen 18 und 22 Prozent aufweisen sollte, sind weiterhin Wassermenge, Wasserqualität, Wassertemperatur, Mahlgrad, Dosierung und Zeit. Neu hinzu kommen Anpressdruck (gilt nur für Siebträger) und Brühdruck. Aufgrund des hohen Drucks und der damit höheren Fehleranfälligkeit gewinnt die gleichmäßige Verteilung des Kaffeemahls im Sieb immens an Bedeutung. Im Vergleich zum Filterkaffee arbeitet man beim Espresso mit einem deutlich feineren Mahlgrad sowie einem höheren Einsatz von Kaffeemehl sowie weniger Wasser (z. B. 1:2 Ratio), sodass das Ergebnis, der Espresso, als deutlich konzentrierter und stärker empfunden wird sowie einen höheren TDS-Wert aufweist als Filter- oder Brühkaffee (Filterkaffee: 1,20–1,45 % TDS, Espresso 7,5–12 % TDS), siehe Infobox „Extraktionsrate auf S. 99.

Die Brühphasen entsprechen den bereits vom Filterkaffee bekannten: Als Erstes werden die leicht löslichen Säuren gelöst, als Zweites die Süße und der positive Geschmack, als Drittes die schwerer löslichen bitteren Alkaloide. Der ganze Prozess dauert in der Regel nur 20–30 Sekunden. Generell gilt: Je komplexer ein Kaffee ist (das gilt insbesondere für helle Arabica-Röstungen), desto leichter schmeckt man Unterschiede in der Extraktion heraus – positiv wie negativ.

HERDKÄNNCHEN

Dieser kleine Kaffeezubereiter aus Aluminium oder Edelstahl mit seinen unzähligen Bezeichnungen ist gewissermaßen die „Mutter" der Espressomaschine und aus italienischen Haushalten nicht wegzudenken. Das Herdkännchen eignet sich als günstige Espressozubereitung für zu Hause oder unterwegs. Im unteren Teil des Kännchens wird Wasser erhitzt, dadurch entsteht Dampf, welcher das heiße Wasser über ein Steigrohr in das Kaffeebett im mittleren Teil des Kännchen drückt, woraufhin der Kaffee in den oberen Teil des Kännchens gelangt. Durch die Zubereitung mit durch Wasserdampf erzeugtem geringerem Druck (max. 1,5 bar) handelt es sich bei dem Ergebnis streng genommen eher um einen starken Kaffee (Mocca) als um einen Espresso. Dieser geringe Druck ist der Grund dafür, dass ein Kaffee aus dem Herdkännchen, im Gegensatz zu einem Espresso aus der Siebträgermaschine, keine Crema aufweist. Bei der Zubereitung sollte man darauf achten, dass der Wasserdampf, der zur Druckerzeugung genutzt wird, am Ende der Extraktion nicht durch das Kaffeebett steigt, da durch die hohe Temperatur viele Bitterstoffe gelöst werden können („Herdkänncheneffekt").

Das Kännchen ist in unterschiedlichen Größen erhältlich, jeweils zur Zubereitung einer entsprechenden Tassenanzahl (z. B. zwei oder acht Tassen). Da das Sieb für den gemahlenen Kaffee nicht unterfüllt werden sollte, eignet sich eine Kanne einer bestimmten Größe grundsätzlich nur zur Zubereitung der vorgesehenen Anzahl von Tassen, man kann also mit einem großen Kännchen, das für sechs Tassen ausgelegt ist, nicht nur zwei Tassen brühen.

Zubereitung:

- unteren Teil des Kännchens bis **unter** das Druckventil mit (heißem) Wasser füllen (sonst Explosionsgefahr)

- Sieb einsetzen, komplett mit fein gemahlenem Kaffee füllen, gleichmäßig verteilen, **nicht anpressen**, oberen Teil der Kanne fest aufschrauben

> **CREMA** ist eine Verdichtung von Ölen, CO_2 und Proteinen, die unter einem Druck von mind. 6 bar entsteht. Geschmacklich ist sie eher uninteressant, sie erlaubt aber Rückschlüsse auf Extraktion und Röstfrische/Ausgasung eines Kaffees. Durch das CO_2 schützt die Crema die flüchtigen Aromen der darunter befindlichen Flüssigkeit.

- bei voller Hitze auf den Herd stellen (optimal: Gasflamme)

- sobald die obere Kammer zur Hälfte mit Kaffee gefüllt ist, das Kännchen vom Herd nehmen und ca. 1 min. stehen lassen bis der restliche Kaffee aufgebrüht ist

SIEBTRÄGER

Die Entwicklung der Siebträgermaschine reicht zurück ins 19. Jahrhundert, seit dem 20. Jahrhundert erfreut sie sich stetig wachsender Beliebtheit. Frühe **Vertikalboilermaschinen** funktionieren nach dem Prinzip der Herdkanne. Die ganze „Maschine" war ein großer Kessel, in dessen unterem Teil sich eine Schublade für ein Feuer befand, um das Wasser zu erhitzen. Die Siebträger waren rund um den Boiler angebracht, und da es noch keine Überdruckventile gab, war es eine der Hauptaufgaben des Barista, die Maschine regelmäßig über Dampfventile zu entlüften, damit die Kessel nicht explodierten. Schnell fand man dabei wohl heraus, dass man mit diesem heißen Dampf gut Milch erhitzen und aufschäumen konnte. Der Kaffee aus der Vertikalboilermaschine gleicht dem Mocca aus dem Herdkännchen, auch er wird mit niedrigem Druck zubereitet, sodass der Kaffee zwar stark ist, jedoch keine espressotypische Crema aufweist.

Tampen heißt Verdichten des Kaffeemehls im Siebträger.

Erst mit der Entwicklung der **Handhebelmaschine** entsteht das Getränk, das unserer Vorstellung eines typischen Espressos entspricht. Der Boiler dieser Maschine ist ebenfalls vertikal montiert, jedoch wird mittels eines Handhebels eine Feder gespannt und über den Federdruck ein Druck von über 9 bar in der Brühgruppe aufgebaut, mit dem das heiße Wasser aus einem Hubraum durch das verdichtete Kaffeemehl gedrückt wird. Der Druck steigt zu Beginn der Extraktion bis auf 12 bar und nimmt im weiteren Verlauf des Espressobezugs langsam ab. Bei der Zubereitung mit solch hohem Druck werden unter anderem Öle, Proteine und CO_2 zur sogenannten Crema verdichtet. Das ganze Getränk wird insgesamt stärker konzentriert als alle bis dahin bekannten Kaffeegetränke. Das bis dato unbekannte Phänomen der Crema – zunächst als „schiuma" (Schaum) bezeichnet – betrachteten die Italiener zunächst mit Skepsis. Erst die Umbenennung in Crema sowie der Hinweis auf die aromaschützende Funktion machten sie zu einem integralen, heute nicht mehr wegzudenkenden Bestandteil des Espressos.

Von der Konstruktion der Handhebelmaschine rühren die meisten Brühparameter für Espresso her, die noch heute (oftmals unreflektiert) verwendet werden, wie Brühdruck (9 bar), Wassermenge (60 ml für einen doppelten Espresso), Kaffeedosis (14 g für einen doppelten Espresso) und Extraktionszeit (27 Sek.).

Bei korrekter Anwendung kann man mit der Handhebelmaschine ausgezeichnete Espressi zubereiten, sie birgt allerdings einige Tücken. Beispielsweise lässt sich die Temperatur kaum kontrollieren, ein Bezug kann nicht abgebrochen werden, was gerade bei einem zu großen Widerstand im Siebträger zu Problemen führen kann, und im schlimmsten Fall kann es bei falscher Anwendung zu Verletzungen, unter anderem durch einen hochschnellenden Handhebel, kommen (z. B. gebrochener Kiefer).

Alternativ kann der benötigte Brühdruck durch **Pumpensysteme** (Vibrations- oder Rotationspumpe) aufgebaut werden. Dabei unterscheidet man zwischen **Einkreisermaschinen**, **Zweikreisermaschinen**, **Dualboilermaschinen** und **Multiboilermaschinen**. Der Pumpendruck wird in der Regel auf 9 bar eingestellt, was in etwa dem Durchschnittswert des Druckprofils der Handhebelmaschine entspricht.

Einkreisermaschinen zeichnen sich durch einen Boiler aus, in dem das Wasser für die Kaffeezubereitung und den für das Milchaufschäumen benötigten Dampf erhitzt wird. Da man für beide

Vorgänge unterschiedliche Wassertemperaturen benötigt (Espressozubereitung: 90,5–96 °C, Wasserdampf mind. 100 °C), muss man sie nacheinander ausführen und die Temperatur entsprechend anpassen. Will man beispielsweise einen oder zwei Cappuccini zubereiten, bezieht man zunächst den Espresso (hierbei sollte man unbedingt darauf achten, dass das Wasser nicht zu heiß oder sogar sprudelnd aus der Brühgruppe kommt, damit der Espresso nicht bitter schmeckt), heizt dann den Boiler hoch, sodass Dampf im Kessel gebildet wird, mit dem man anschließend die Milch aufschäumen kann, um sie abschließend in den Espresso zu gießen. Will man daraufhin weitere Kaffeegetränke zubereiten, muss man die Temperatur für den nächsten Espressobezug wieder herunterregeln. Dieses sogenannten Temperatursurfen empfinden manche als lästig, außerdem ist die Brühtemperatur nur schwer kontrollierbar und kann schwanken, was zu unterschiedlichen Espressoextraktionen führen kann. Mit etwas Übung kann man den Vorgang gut in den Griff bekommen und gute Getränke zubereiten. Der große Vorteil dieser Maschinen liegt in ihrem – im Vergleich zu Zweikreiser- oder Dualboiler-Modellen – niedrigeren Anschaffungspreis.

Ungeduldige, denen die Aufheizphase der üblichen Espressomaschinen zu lange dauert, greifen gern zu sogenannten **Thermoblockmaschinen**, die bereits nach wenigen Minuten einsatzbereit sind, weil immer nur eine kleine Menge Wasser durch den namensgebenden Thermoblock erhitzt wird. Diese Maschinen sind ebenfalls verhältnismäßig günstig in der Anschaffung, neigen aber zu teils zu hohen, schwer kontrollierbaren Brühtemperaturen.

Komfortabler in der Anwendung und stabiler in Hinblick auf die Temperaturen sind unter anderem **Zweikreisermaschinen**. Sie basieren ebenfalls auf einem Boiler, in dem Wasser erhitzt und Dampf gespeichert wird, verfügen aber über einen zweiten Kreislauf, der Frischwasser durch den Boiler leitet und es mittels Wärmetauscher auf die entsprechende Brühtemperatur bringt. Somit entfällt das lästige Temperatursurfen, und die Wassertemperaturen bleiben konstanter, insbesondere wenn ein PID-Regler verbaut ist.

> **PID** *Controller = proportional integral derivative controller: dient der Regelung der Brühtemperatur, um Temperaturschwankungen zu vermeiden, da sich diese auf die Extraktion und das Tassenergebnis auswirken können.*

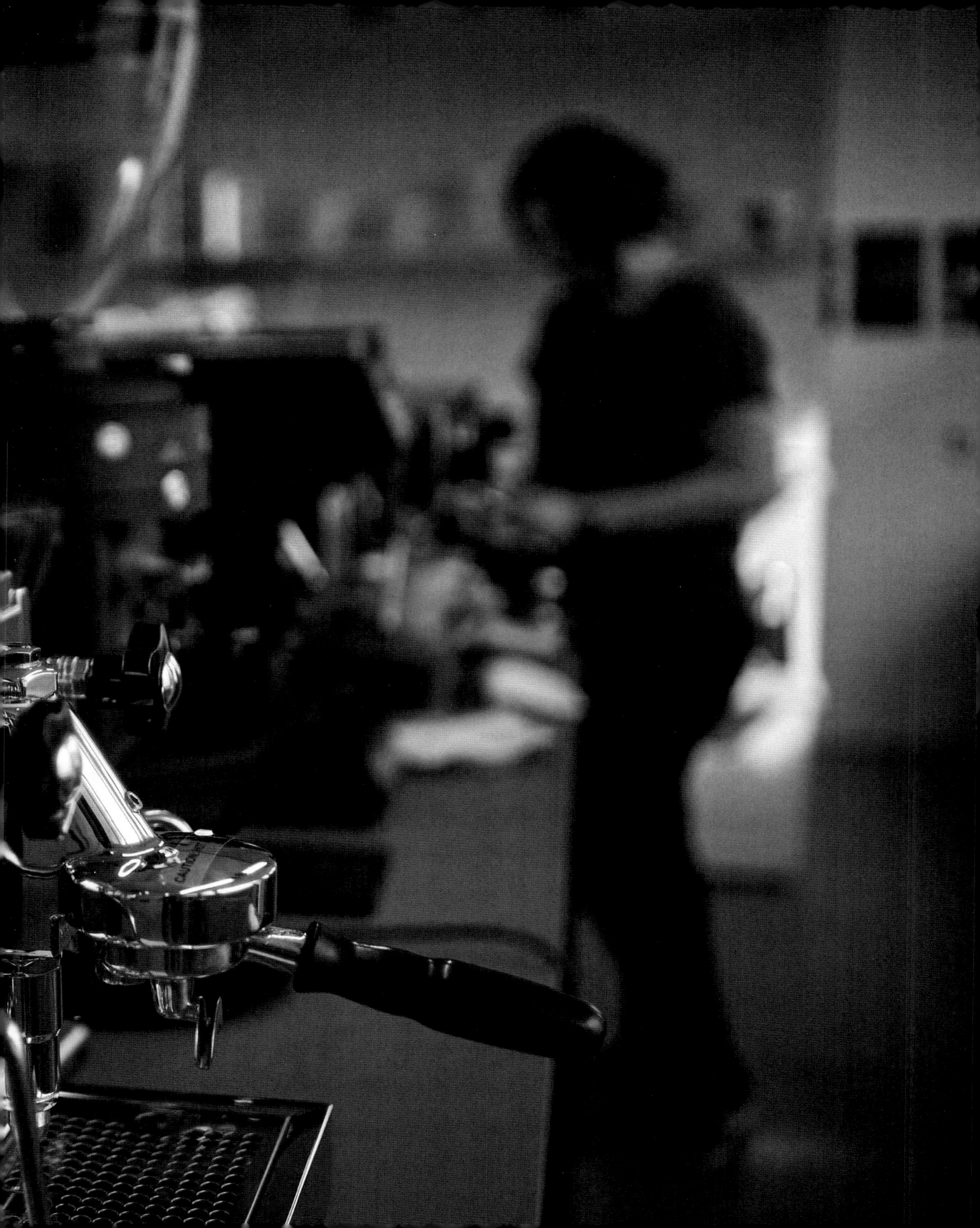

Besonders komfortabel, temperaturstabil und daher vor allem in der Gastronomie im Einsatz sind **Dual-** oder **Multiboilermaschinen**. Dualboiler basieren, wie der Name vermuten lässt, auf zwei unabhängigen, horizontal verbauten Boilern: einem größeren Dampfboiler, in dem das Wasser kontinuierlich auf ca. 120 °C erhitzt wird, um Dampf zu erzeugen, sowie einem kleineren Brühboiler, in dem das Wasser kontinuierlich etwas höher als auf die gewünschte Brühtemperatur erhitzt wird (z. B. 98 °C im Boiler => Brühtemperatur 93 °C) und dann in die Brühgruppe(n) geleitet wird. PID-Steuerungen regeln hier die Brühtemperatur auf den Grad genau. Da diese Maschine für cafétypischen dauerhaften Betrieb konzipiert sind, verfügen sie meist über einen Festwasseranschluss, der die Maschine kontinuierlich mit frischen Wasser versorgt, das zuvor selbstverständlich zum Maschinenschutz sowie zur Geschmacksoptimierung gefiltert werden sollte (s. Kapitel „Wasser"). Da im Dampfboiler nur wenig Wasser verbraucht und somit dasselbe Wasser immer wieder erhitzt wird, kann es nach einer gewissen Zeit zu Verkalkungen und zum Aufmineralisieren von schwerer löslichen Salzen im Kessel kommen. Um dem vorzubeugen, sollte man täglich mehrere Liter Wasser aus dem Kessel lassen, entweder über ein speziell dafür vorgesehenes Ventil oder über das Teewasserventil.

Bei **Multiboilermaschinen** sind mehrere Brühboiler verbaut, sodass man unterschiedliche Brühtemperaturen auf unterschiedlichen Brühgruppen verwenden kann.

Manche Maschinen verfügen über zusätzliche Steuerungselemente, um beispielsweise die Temperatur zu regulieren, die Bezugszeit festzuhalten (Chronometer) oder die Wassermenge (volumetrisch oder gravimetrisch) zu überwachen oder zu steuern. Bei simplen Modellen lässt sich der Wasserbezug lediglich manuell starten und stoppen. Zeit und Wassermenge sollte man dennoch kontrollieren, zum Beispiel mithilfe eines Timers und einer Waage.

Die Rohkaffeequalitäten im Spezialitätenbereich haben sich seit der Erfindung der Espressomaschine deutlich verbessert. Eine genaue Überwachung und Kontrolle der einzelnen Brühparameter wird immer wichtiger, um der Komplexität der Kaffees gerecht zu werden, feine Nuancen herauszukitzeln und den Espresso nicht durch vermeintlich kleine Fehler oder Ungenauigkeiten ungenießbar zu machen.

Aktuell ist der Brühdruck ein großes Thema in der Maschinenentwicklung, da er bzw. seine Variation sich auf die Extraktion auswirken. Ein Espresso aus einer Handhebelmaschine schmeckt beispielsweise anders als der gleiche Espresso aus einer Maschine, die kontinuierlich mit 9 bar arbeitet. Da bei ersterem der Druck zu Beginn der Extraktion am höchsten ist und dann kontinuierlich abnimmt, können auf diese Art zubereitete Espressi fruchtiger und süßer schmecken. Der Druck in den ersten zwei Brühphasen ist höherer Druck, während die Extraktion der Bitterstoffe in der letzten Phase etwas sanfter verläuft. Daher gibt es Maschinen, bei denen man den Pumpendruck völlig frei manuell steuern kann, um so nach Belieben Brühphasen zu betonen oder zurückzunehmen (z. B. La Marzocco Strada), oder moderne Varianten der Handhebelmaschine, die deutlich weniger Kraftaufwand erfordern, sicherer sind und sehr konstant arbeiten (z. B. La Marzocco Leva).

> *Um gute Ergebnisse reproduzierbar zu machen, sollte man alle Brühparameter möglichst überwachen und das Brührezept dokumentieren.*

Maßgeblich für ein gutes Tassenergebnis ist abgesehen von Kaffee-, Wasser-, Mühlen- und Maschinenqualität eine akribische und saubere **Zubereitung**, die im Folgenden Schritt für Schritt gezeigt werden soll.

MAHLEN & DOSIEREN

Der Kaffee sollte direkt vor der Zubereitung vermahlen werden, damit er möglichst wenig Aroma durch Oxidation verliert. Der Mahlgrad wirkt sich unmittelbar auf die Durchlaufzeit und somit auf die Extraktion aus. Er muss immer wieder angepasst werden, um optimale Ergebnisse zu erzielen (s. Kapitel „Vermahlung").

Das (warme) Sieb sollte vor dem Befüllen mit frischem Kaffeemehl mit einem trockenen Tuch ausgewischt werden, um durch bereits extrahierten Kaffee oder frühzeitige Extraktion verursachte Bitterstoffe zu vermeiden und eine gleichmäßige Extraktion zu ermöglichen.

Generell empfiehlt sich die Verwendung des Siebes, das für den doppelten Espresso vorgesehen ist. Seine zylindrische Form ermöglicht eher eine gleichmäßige Extraktion als das konisch zulaufende Sieb für den einfachen Espresso. Ebenfalls gute Voraussetzungen für eine gleichmäßige Extraktion sind VST-Siebe mit gelaserten Löchern. Die Siebe sind in unterschiedlichen Größen erhältlich, zum Beispiel 14 g, 17 g, 20 g, 21 g. Je größer das Sieb, desto mehr Kaffee kann man dosieren. Die Dosierung wirkt sich auf den Körper eines Espressos aus. Benutzt man beispielsweise einen Espressoblend mit Robusta-Anteil, der von Haus aus viel Körper mitbringt, reicht meist ein kleineres Sieb. Verwendet man hingegen einen heller gerösteten Single-Origin-Kaffee, führt eine höhere Dosierung in einem größeren Sieb zu einem vollen Körper. Das Sieb sollte nicht überfüllt werden (max. 2 g), da der Kaffee sonst keinen Platz hat, sich während der Absorbierung auszudehnen, was sich negativ auf die Extraktionsrate auswirken kann. Darüber hinaus kann das Flowmeter der Maschine durch Überdosierung blockiert und im schlimmsten Fall beschädigt werden.

VERTEILEN & VERDICHTEN

Um möglichst gleichmäßig zu extrahieren, ist eine gleichmäßige Verteilung des Kaffeemehls vor dem Tampen von immenser Bedeutung! Hierfür gibt es unterschiedliche Methoden: Entweder schiebt man das Kaffeemehl vorsichtig mit dem Finger, sodass es gleichmäßig bis an den Rand des Siebes verteilt ist (Grooming). Dabei sollte man darauf achten, den Kaffee nicht versehentlich zu verdichten. Oder man verteilt das Kaffeemehl durch sanftes Klopfen mit der Hand an den Siebträger. Um das Ergebnis besonders reproduzierbar zu machen, sollte man möglichst immer die gleiche Anzahl von Klopfern anwenden. Achtung, bitte nicht mit dem Tamper gegen den Siebträger klopfen („Knocken"), da dies den Tamper, den Siebträger sowie den Kaffeepuck beschädigen und Channeling verursachen kann. Alternativ kann man ein sogenanntes Distribution Tool verwenden. Die Anwendung ist sehr komfortabel und reproduzierbar, wichtig ist, den Abstand vom Werkzeug zum Kaffeebett so passend einzustellen, dass das Kaffeemehl nicht vor dem Verteilen schon vorverdichtet wird.

Hier werden 20 g im 20-g-VST-(Ridgeless)-Sieb dosiert.

Nach dem Verteilen den Siebträger auf einer Tampermatte oder einer Tamperstation ablegen (niemals in der Luft tampen!) und das Kaffeemehl mithilfe eines Tampers gleichmäßig, gerade und glatt verdichten. Dieses Verdichten dient der Komprimierung des Kaffeemehls und soll Channeling vorbeugen.

Den dafür benötigten Tamper gibt es in unzähligen Formen und Varianten. Um das gesamte Kaffeemehl gleichmäßig verdichten zu können, sollte der Durchmesser des Tampers genau dem des Siebes entsprechen. Die Tamperbasis gibt es in flacher oder konvexer Ausführung.

Nachdem man den Tamper vorsichtig auf das Kaffeebett gesetzt hat, sollte man überprüfen, ob er gerade aufliegt, um das Kaffeemehl zu einer ebenen Fläche verdichten zu können und damit die Voraussetzung für einen gleichmäßigen Kaffeefluss zu schaffen. Sollte man nach dem Verdichten bemerken, dass man schief getampt hat, empfiehlt es sich nicht, den Fehler durch nochmaliges Tampen zu korrigieren, da dadurch unter anderem der Kaffeepuck brechen kann, was wiederum zum Channeling führen kann.

Tamper-Parade – mit einigen dieser Exemplare war Erna auf Meisterschaften erfolgreich.

Ein leichter Druck genügt. Entscheidend für reproduzierbare Ergebnisse ist, dass der Druck immer gleichmäßig ausgeübt wird (z. B. immer mit 12 kg). Das muss geübt werden. Als Trainingsgerät kann man beispielsweise einen sogenannten Klicktamper verwenden. Das Handgelenk sollte beim Tampen möglichst fest sein, um das Verdichten kontrolliert auszuführen. Die Kraft sollte aus der Schulter oder der Brustmuskulatur kommen. Da wiederholtes Tampen vor allem bei professionellen Baristi das RSI-Syndrom verursachen kann, ist es empfehlenswert, sich eine schonende Technik anzugewöhnen, etwa nicht mit massivem Druck (20 kg) zu tampen, einen ergonomische Tamper wie den „Push-Tamper" oder den „Mahlgut-Buzzer" zu verwenden oder komplett automatisch zu tampen, zum Beispiel mit der „PuqPress". Bei derartigen Tampern ist darauf zu achten, dass sie tief genug eingestellt sind und das Kaffeemehl erreichen, da sonst keine Verdichtung stattfindet. Voraussetzung für immer gleiches Tampen ist zudem eine gleichbleibende Dosierung.

Während des manuellen Tampens sollte man keine Drehbewegung ausführen, da die Kaffeepartikel auf diese Weise nur schwer reproduzierbar verschoben werden. Nach dem Verdichten kann man optional eine leichte Drehbewegung ohne Druck machen, um evtl. Staubpartikel einzuarbeiten.

Anschließend den Tamper kontrolliert und vorsichtig aus dem Sieb ziehen. Eine zu rasche Bewegung – besonders mit einem sehr genau eingepassten Tamper – kann eine Art Vakuum bilden, sodass der Kaffeepuck hochgerissen wird, zurück ins Sieb fällt und dabei brechen kann, was wiederum ein Channeling zur Folge haben kann.

Abschließend reinigt man den Rand des Siebträgers, indem man mit der Hand darüberstreicht („Segnen"), sowie die Ausläufe (Spouts) des Siebträgers mit den Fingern oder einem extra dafür vorgesehen Tuch.

> **CHANNELING**: *Tritt auf, wenn sich eine Schwachstelle im Kaffeepuck befindet. Da Wasser sich immer den Weg des geringsten Widerstandes sucht, rauscht es während der Extraktion durch die Schwachstellen wie durch einen Kanal, was zu einer unausgewogenen Extraktion führt. Bei einem bodenlosen Siebträger kann man Channeling problemlos sehen, bei einem Siebträger mit Spouts erkennt man es entweder, wenn der Espresso zu Beginn der Extraktion sehr dünnflüssig ausläuft oder der Strahl während der Extraktion teilweise unterbrochen wird. Ursachen für Channeling gibt es zahlreiche: zum Beispiel schlechte/keine Verteilung des Kaffeemehls, schlechte Tamptechnik, grobe Handhabung des Siebträgers (Anstoßen an Tamper oder Brühgruppe), schmutziges/verstopftes Duschsieb, falsch eingestellter Push-Tamper u. v. m.*

EINSETZEN & BRÜHEN

Bevor der Siebträger in die Brühgruppe eingespannt wird, sollte man diese kurz ausspülen („flushen"), um Kaffeereste vom letzten Bezug zu entfernen, da diese die Extraktion negativ beeinflussen sowie den Espresso bitterer machen können. Bei nicht saturierten Gruppen ist das „Flushen" zudem notwendig, damit das Brühwasser nicht zu heiß ist.

Der Brühvorgang sollte umgehend nach dem Einsetzen des Siebträgers gestartet werden, um das Kaffeemehl nicht unnötig zu erhitzen; erst dann die (evtl. vorgewärmte) Tasse unter die Ausläufe des Siebträgers stellen.

Der Espresso sollte nun honigartig oder wie geschmolzene Schokolade auslaufen. Sobald die gewünschte Menge erreicht ist (z. B. 60 ml oder 45 g für einen doppelten Espresso) oder der Espresso anfängt wässrig-gelblich zu werden (blonding), wird der Bezug gestoppt. Im Idealfall hat der Vorgang 20-30 Sekunden gedauert. Lief der Espresso zu langsam oder zu schnell, müssen Mahlgrad und/oder Mahlgutmenge verändert werden.

Das Spülen der Brühgruppe vor dem Einsetzen des Siebträgers wird Flushen genannt.

WORAN ERKENNE ICH EINEN GUTEN ESPRESSO?

Die Qualitätskontrolle für Espresso beruht auf verschiedenen Faktoren. Die optische Kontrolle etwa besteht aus der Beobachtung des Kaffeeflusses während der Extraktion: Der Espresso sollte langsam, cremig und mittig im offenen Siebträger fließen.

Als Anhaltspunkt gilt eine Extraktionszeit von ca. 20 – 30 Sekunden. Der sogenannte Guinesseffekt beschreibt den Farbverlauf mit marmorierenden Mustern, die zunächst durch das Sinken und dann durch das Aufsteigen der Luftbläschen entstehen.

*Unterschiedliche Extraktionen:
links Unterextraktion,
mittig ausgewogene Extraktion,
rechts Überextraktion.*

Die Crema als Verdichtung von Ölen, Proteinen und CO_2 schützt Aromen und zeichnet sich durch einen leicht bitteren Geschmack aus. Hier geben Farbe, Elastizität (einfach mal die Tasse neigen! Die Crema sollte so elastisch sein, dass die Flüssigkeit am Rand nicht unter der Crema herauslaufen kann) sowie Beständigkeit (2 bis 4 Minuten) Auskunft über die Qualität des Espressos. Hilfreich ist ein einfacher Crematest (siehe Infobox auf der folgen Seite).

Auch die Konsistenz des Kaffeepucks im Siebträger (nach der Extraktion) gibt Anhaltspunkte – er sollte kneteartig sein; die Beschaffenheit lässt darüber hinaus Rückschlüsse auf die Brew Ratio zu, also auf das Verhältnis zwischen dem Gewicht des verwendeten Kaffeemehls und dem des Wassers.

Neben dem optischen bietet auch das sensorische Prüfen Möglichkeiten der Qualitätskontrolle: Zu nennen ist die „Viskosität", die fragt, ob der Espresso angenehm dickflüssig und konzentriert oder eher zu wässrig bzw. zu stark und „adstringierend", also im negativen Sinne konzentriert, ist. Gefragt wird auch nach der Balance: Harmonieren bei diesem Espresso Süße, Säure und Bitterkeit? Aber auch ganz simple Faktoren sind Anhaltspunkte, etwas der Gedanke: Möchte ich ihn pur trinken und auch „austrinken"?

Sollte der Espresso mal nicht schmecken, kann es sein, dass er über- oder unterextrahiert ist. Woran man das erkennt und wie man das Problem beheben kann, wird hier kurz erklärt.

Beim Einstellen eines Espressos (Dialing in) sollte man Folgendes beachten:

Immer mit Waage und Timer arbeiten, um die verschiedenen Parameter kontrollieren und gezielt variieren zu können. Immer nur einen Parameter in Bezug zur Zeit verändern. Bei Mahlgradveränderungen immer den ersten Shot entsorgen (Dabei handelt es sich um den im Totraum der Mühle verblieben Kaffeepulverrest, der das Ergebnis verfälschen kann). Eine dringende Empfehlung ist außerdem, die Mühleneinstellung täglich zu prüfen beziehungsweise zu aktualisieren.

> *Espresso? Umrühren!*
>
> *Unabhängig davon, ob man seinen Espresso pur oder mit Zucker trinkt, sollte man ihn umrühren (drei Mal den Löffel von vorne nach hinten durch die Tasse schieben).*
>
> *Das dient zum einen dem Crematest: Mit dem Rühren lässt sich die Elastizität der Crema prüfen. Im Idealfall zieht sie sich gleichmäßig wieder zusammen.*
>
> *Außerdem zielt das Verfahren auf eine Vermischung der Extraktionsergebnisse hin: Da der Kaffee phasenweise extrahiert wird, kann es sein, dass Säure, Süße und Bitterkeit geschichtet in der Tasse liegen. Durch das Umrühren werden sie vermischt, der Espresso schmeckt dadurch ausgewogener.*

Optische Kontrolle: links Unterextraktion, rechts Überextraktion.

UNTEREXTRAKTION

Bei Unterextraktion von Espresso handelt es sich um das Phänomen zu weniger gelöster Stoffe pro Tasse. Symptome können eine helle, dünne Crema oder ein Loch in der Crema sein. Löcher im Puck des offenen Siebträgers weisen auf Channeling und unzureichende Präparation im Siebträger hin. Bei Unterextraktion bildet sich ein wässriger, flacher Körper, der Flavor ist unterentwickelt, und der Espresso hat nur wenig von dem gewünschten positiven Nachgeschmack.

Ist eventuell die Wasserkontaktzeit zu kurz, „schießt" der Espresso aus dem Siebträger? Wo liegt die Ursache? Und welche Änderungsvorschläge gibt es? Sollte der Mahlgrad zu grob sein, kann er einfach testweise Schritt für Schritt verfeinert werden. Vielleicht ist auch zu wenig Mahlgut verwendet worden, dann muss lediglich die Menge erhöht werden. Auch könnte vergessen worden sein zu tampen, oder der Tampdruck könnte zu gering sein. Gegebenenfalls ist auch die Wassertemperatur zu niedrig und sollte erhöht werden. Häufig besteht der Fehler auch darin, dass der Siebträger nicht vorgewärmt war; er sollte zwischen den Extraktionen immer in der Brühgruppe belassen werden. Sogar zu niedriger Brühdruck kann zu Unterextraktion führen, dann ist unter Umständen die Pumpe defekt.

ÜBEREXTRAKTION

Eine Überextraktion liegt vor, wenn zu viele gelöste Stoffe im Espresso sind. Als Symptome stellen wir fest: Die Crema ist zu dunkel, verbrannt, unregelmäßig, blasig und/oder löchrig, der Geschmack ist bitter, das Mundgefühl ist adstringierend.

Was sind die Gründe, und was lässt sich ändern? Gegebenenfalls ist die Wasserkontaktzeit zu lang, der Espresso tröpfelt dann extrem langsam aus dem Siebträger heraus. Vielleicht ist der gewählte Mahlgrad zu fein und lässt sich durch gröbere Einstellung optimieren. „Viel" hilft aber nicht immer viel! Zu viel Kaffeemehl etwa kann der Grund für Überextraktion sein, dann einfach die Menge reduzieren. Dasselbe gilt für die Kraft beim Tampen, denn zu hoher Tampdruck kann schädlich sein, also auch ihn gegebenenfalls vermindern. Auch wenn die Wassertemperatur zu hoch ist, kann darin eine Fehlerquelle liegen, die reduziert werden kann. Ein Ansatz kann auch sein, mehr zu „flushen", also die Brühgruppe ohne eingehängten Siebträger zu aktivieren. Schließlich kann auch der zu hohe Pumpendruck ein Grund für Überextraktion sein; er sollte dann testweise reduziert werden.

Sollte ein Espresso, egal, in welcher Extraktionsstufe, nicht schmecken, wird es vielleicht Zeit, eine neue Sorte auszuprobieren. Die Auswahl ist riesig, und Geschmäcker sind verschieden, ändern sich und möchten vielleicht auch mal neu angeregt und durch Variation überrascht werden.

MILCHAUFSCHÄUMEN

Mit der an der Siebträgermaschine angebrachten Dampflanze kann Milch aufgeschäumt werden. Mithilfe des heißen Dampfes, der möglichst trocken sein sollte, kann man die Milch erhitzen, bewegen sowie Luft in sie einarbeiten und dadurch ihr Volumen erhöhen.

Milch besteht größtenteils aus Wasser und beinhaltet außerdem Laktose/Milchzucker (natürliche Süße), Lipide/Fette (Geschmacksträger), Vitamine, Mineralien und Proteine (entscheidend für die Schaumbildung!). Da die Proteine ausschlaggebend für die Schaumbildung sind, spielt es für das Aufschäumen keine Rolle, ob man frische Milch oder H-Milch mit einem niedrigen oder hohen Fettanteil verwendet. Verwenden sollte man wie immer, was schmeckt. Wichtig für den Schaum ist es, Kuhmilch nicht über 70 °C zu erhitzen, da die Proteine sonst denaturieren. Ebenfalls aufgeschäumt werden können Milchsorten anderer Tiere sowie pflanzliche Alternativen. Der Eigengeschmack der Milch sollte nicht so intensiv sein, dass er den Kaffeegeschmack übertönt, sondern mit ihm harmonieren. „Gekippte" Milch lässt sich nicht aufschäumen.

Generell unterscheidet man zwei Arten von Schaum: festen, dichten Schaum mit viel eingearbeiteter Luft und großem Volumen, den man zum Beispiel für einen geschichteten Latte Macchiato oder „3D Latte Art" verwendet, der sich aber auf den Kaffee legt und keine cremige Verbindung eingeht („Bauschaum"), sowie feinporigen Mikroschaum (glossy), der kaum sichtbare Luftbläschen aufweist, eine cremige Verbindung mit Espresso eingeht und somit geeignet für „Latte Art" ist.

Mikroschaum kann man wie folgt zubereiten:

- kühlschrankkalte Milch ins Kännchen füllen (mindestens halbvoll)

- Abdüsen ➡ Entfernen von Kondenswasser aus der Dampflanze durch kurzes Aufdrehen des Dampfhahns

- Düse ca. 1 cm in die Milch tauchen, Dampflanze etwa parallel zur Kannenwand, sodass die Milch zirkulieren kann

- Dampfhahn öffnen

- Kanne vorsichtig nach unten bewegen, bis sich die Düse knapp unter der Milchoberfläche befindet und ein leises kratzendes Geräusch ertönt

- Damit beginnt die sogenannte **Ziehphase**: Luft wird in die Milch eingearbeitet, das Volumen wird erhöht, die Milch erhitzt; die Flüssigkeit sollte zirkulieren, um die Luftbläschen durch Zentrifugalkräfte zu verfeinern

- Die Ziehphase kann aktiv beendet werden, indem man die Kanne wieder wenige Millimeter nach oben bewegt, oder verlängert werden, indem man die Kanne kontinuierlich nach unten zieht, je nachdem wieviel Schaum gewünscht wird

- Je leiser das Kratzgeräusch, desto feiner der Schaum

- Durch die Volumenzunahme wird die Ziehphase meist nach wenigen Sekunden automatisch beendet, weil die Milchoberfläche nach oben steigt, meist ist dann auch schon genügend Schaum vorhanden

- Die sogenannte **Rollphase** beginnt: Es wird keine Luft mehr in die Milch eingesogen, die Milch zirkuliert nur noch und wird weiterhin erhitzt (Zieltemperatur je nach Geschmack 55 bis 65 °C, max. 70 °C)

- Dampfhahn schließen

- kurz warten, bis kein Dampf mehr aus der Düse austritt

- Kanne abstellen

- Dampflanze mit extra dafür vorgesehenem Schwamm/Tuch reinigen

- abdüsen, um Milchreste aus der Dampflanze zu blasen sowie das Dampfrohr von innen zu desinfizieren

- Die Kanne muss nicht auf den Tisch geschlagen werden! Das bewirkt keine Verbesserung des Schaums, sondern macht ihn im Gegenteil fester, was das Eingießen erschwert

LATTE ART

Cremiger Mikroschaum ist die Voraussetzung für Latte Art, das kunstvolle Zeichnen mit Milchschaum in Espresso. Ziel ist ein erkennbares Motiv, das zentral und symmetrisch in der Tasse angelegt ist und einen scharfen Kontrast zwischen brauner Crema und glänzendem, weißem Milchschaum aufweist.

Das Gießen erfordert etwas Geduld und Übung. Schäumt man für mehrere Getränke auf einmal auf, sollte man den Schaum vor dem Eingießen gerecht aufteilen (Splitting).

Milchcreme statt „Bauschaum" – Microfoam ist der Schlüssel zum Latte-Art-Erfolg.

Das Eingießen kann folgendermaßen ablaufen:

- Crema in der Tasse schwenken, damit sie schön homogen ist

- vorsichtig, zentral in die Crema gießen, so schnell, dass die Milch unter die Crema gelangt, aber so vorsichtig, dass die Milch nicht am Tassenboden abprallt und von unten durch die Crema bricht, sodass man Kontrast einbüßt

Bei der Latte Art sind Gießwinkel und Fließgeschwindigkeit entscheidend.

- langsam gießen, sodass die Milch aus der Kanne fließt, dabei die Kanne bis knapp an den Tassenrand senken
- Sobald die Kanne stärker geneigt wird, gleitet der Schaum aus der Kanne, und es entsteht ein weißer Punkt aus Milchschaum in der Crema
- Dieser weiße Punkt ist die Basis für das Zeichnen von Motiven wie Herz, Blatt, Tulpe, Schwan etc. – der Phantasie sind keine Grenzen gesetzt.

Die Tassen sollte man generell am Henkel oder am Boden anfassen, keinesfalls dort, wo später getrunken wird, also nicht am Rand und auch nicht in der Tasse!

MASCHINENREINIGUNG UND -PFLEGE

„A clean machine is a happy machine". Die tägliche Reinigung und regelmäßige Wartung der Espressomaschine ist unabdingbar für die hohe Qualität des zubereiteten Produkts. Vor allem die Teile, an denen Kaffee und Wasser miteinander in Berührung kommen (Brühgruppe und Duschsieb), müssen täglich sorgfältig gereinigt werden, da Kaffeereste und -öle unter anderem ranzig werden und Verschmutzungen die Extraktion und den Geschmack negativ beeinflussen können. Besonders anfällig für Bakterienbefall ist aufgrund des Kontaktes zur Milch die Dampflanze. Sie sollte man wie bereits erwähnt direkt nach jedem Verwenden reinigen. Verkalkungen sollte man durch gefiltertes Wasser vorbeugen (s. auch Kapitel „Wasser") – sollten sie dennoch auftreten, können sie von einem autorisierten Techniker entfernt werden. Folgende Teile sind regelmäßig zu reinigen:

SIEBTRÄGER

Nach dem Ausklopfen den Siebträger immer mit einem trockenen und nur dafür vorgesehenen Tuch auswischen, so lassen sich Bitterstoffe vermeiden. Die Tropfschale konsequent nach jedem „Flushen" (dem Aktivieren der Brühgruppe ohne eingehängten Siebträger) abwischen. Dies ist ein wichtiger Baustein neben der Sauberkeit des Tassenbodens und der Grundhygiene des Arbeitsbereichs. Abends, beziehungsweise nach dem letzten Arbeitsgang des Tages, muss das Sieb aus dem Siebträger gelöst und von Hand gereinigt werden (nie in der Spülmaschine). Gelegentlich sollte es über Nacht in Spezialreiniger eingelegt werden.

BRÜHGRUPPE

Morgens, beziehungsweise zu Beginn des Arbeitsprozesses, sollte man pro Brühgruppe einen Probeshot ziehen und entsorgen, er ist nicht zum Verzehr geeignet. Abends, oder nach Beenden der Arbeit an der Maschine, raten wir, die Dichtungen durch vehementes Ein- und Ausspannen des Siebträgers von Kaffeeresten zu befreien; dann das Blindsieb in den Siebträger setzen und zum Reinigen des Ventils rückspülen (im Abstand von einigen Sekunden mehrfach Wasser starten und stoppen). Gelegentlich sollte man mit Spezialreiniger arbeiten und anschließend ohne Reiniger besonders gründlich rückspülen. Die „Dusche" (das Sieb) immer mit einem Spezialschwamm reinigen und gelegentlich auch mal abschrauben, in Spezialreiniger legen und den Brühkopf abwischen.

DAMPFLANZE

Vor und nach jedem Benutzen die Dampflanze abdüsen und mit dem dafür vorgesehenen Lappen säubern. Wichtig ist, keine Milchreste antrocknen zu lassen, so kann der Befall mit Bakterien vermieden werden. Die Düse gegebenenfalls abschrauben und über Nacht einweichen, ab und zu mit Spezialreiniger behandeln. Die Dampflanze übrigens niemals einweichen, wenn die Maschine ausgeschaltet wird, denn dann besteht eine Rückflussgefahr durch das Abkühlen des Boilers. Von innen lässt sich die Dampflanze mit einer Spezialbürste reinigen.

MÜHLE

Den Hopper/Bohnentrichter täglich leeren und feucht auswischen. Die am Kaffee haftenden Öle können ranzig werden. Die Mahlscheiben mit sogenannten Grinds reinigen, diese binden die Kaffeeöle. Falls möglich, regelmäßig Mahlscheiben oder -kegel ausbauen und gründlich abbürsten. Den Auslass für das Mahlgut von innen mit einem Pinsel reinigen. Den Korpus mit einem weichen Tuch polieren.

WARTUNG

Regelmäßige Wartung ist der Schlüssel für die Langlebigkeit der Maschine und die Qualität der zuzubereitenden Produkte. In diesem Sinne sollte man regelmäßig alle Dichtungen kontrollieren und so Tropfen vermeiden. Und die Filter regelmäßig (spätestens nach einem Jahr) wechseln. Zur Vermeidung von Kalk und Bakterien und nach längerer Nichtbenutzung (zum Beispiel zwei Wochen) besonders gut durchspülen – mit mindestens zwei Litern Wasser. Den Boiler gegebenenfalls auch mal entkalken – dies geschieht in der Regel durch geschulte Techniker. Die Mahlscheiben regelmäßig austauschen (Faustregel: alle 400 – 600 kg, in Cafés etwa kommt diese Menge schnell zusammen). „Alte" Mahlscheiben lassen das Mahlgut warm werden, sodass der Mahlgrad immer feiner eingestellt werden muss. Durch die verlängerte Mahldauer entsteht ungleichmäßige Extraktion.

REZEPTE FÜR GETRÄNKE AUF ESPRESSOBASIS

ESPRESSO

Der Espresso gehört zu den Königsdisziplinen aller Baristi. Serviert wird er in einer Tassengröße von 60–90 ml. Die Dosierung für einen Doppelshot beträgt 14–22 g der entsprechend gerösteten und vermahlten Bohnen. Als Anhaltspunkt für die verwendete Wassermenge gilt 40–50 g, die Extraktionszeit beträgt etwa 20–30 Sekunden.

ESPRESSO MACCHIATO

Mit einem „Fleckchen" (italienisch: macchiato) Milch: Der nach der oben beschriebenen Anleitung zubereitete Espresso ist als Macchiato von einem kleinen Milchhäubchen gekrönt und kann je nach Belieben zusätzlich mit Latte Art verschönert werden.

CAPPUCCINO

Vielleicht die meist fotografierte Tasse der Welt: Der Cappuccino ist einer der Lieblinge unter den Kaffeespezialitäten. Als Tassengröße liegt ihm ein Fassungsvermögen von 150–180 ml zugrunde. Die Basis ist ein Espresso, hinzu kommt Milchcreme, davon nur etwa 5–15 ml als Schaum. Anhaltspunkt für die Temperatur sind 50–65 °C. Latte Art macht diese Spezialität zu etwas Besonderem.

FLAT WHITE

Der Flat White ist der Gegenentwurf zum traditionellen Cappuccino mit Schaumhaube und stärker als dieser. Die Basis ist ein einfacher oder doppelter Espresso, getoppt mit Milchcreme mit sehr dünnem Schaum. Als Anhaltspunkt gilt eine Temperatur von 50–60 °C.

MILCHKAFFEE

Deutlich milchiger als der Cappuccino ist der Milchkaffee. Seine Grundlage ist ein einfacher oder doppelter Espresso, der mit Milchschaum versehen wird (in etwa die Menge von zwei Cappuccini). Die Temperatur sollte 60–70 °C betragen.

LATTE MACCHIATO

Kaffee und Milch im Glas serviert, das Besondere beim Latte Macchiato ist die Schichtung. Dafür zuerst Milch mit hohem Schaumvolumen aufschäumen, sie dann randvoll ins Glas gießen; während sich der Schaum von der flüssigen Milch trennt, den Espresso zubereiten und anschließend vorsichtig durch die Schaumschicht gießen. Die Schichtung wird umso markanter, je länger man mit dem Eingießen des Espressos wartet, je kälter die Milch ist und je weniger Säure der Espresso aufweist.

AMERICANO

Gieß Wasser dazu! Für den auch als Long Black bezeichneten Americano wird der Espresso oder doppelte Espresso bewusst mit heißem Wasser verdünnt. Das Mengenverhältnis kann variiert werden – eine optimale Alternative für alle, die den Geschmack des Espressos lieben, denen die konzentrierte Variante aber zu stark ist.

CAFFÈ LATTE AUF EIS

Sommergefühle für heiße Tage! Für den Caffè Latte auf Eis drei Eiswürfel in ein Glas geben, mit kalter Milch aufgießen, einen oder zwei Espressi zubereiten und diese vorsichtig aus einem kleinen Kännchen auf die Eiswürfel gießen.

AFFOGATO

Eine kleine und cremige Köstlichkeit für heiße Tage ist der Affogato. Hierfür eine Kugel Vanilleeis in ein kleines Glas geben, einen Espresso zubereiten und direkt aus dem Siebträger auf das Eis laufen lassen.

ESPRESSO TONIC

Achtung, Geschmacksexplosion! Für den Espresso Tonic drei Eiswürfel in ein Weinglas oder einen Whiskytumbler geben, ein Fläschchen Tonic Water aufgießen, einen Espresso zubereiten und diesen vorsichtig aus einem kleinen Kännchen (ggf. über einen Barlöffel) auf die Eiswürfel gießen. Diese Kaffeespezialität kann nach Belieben mit Gin verfeinert werden und lässt sich auch hervorragend mit Cold Brew statt Espresso variieren.

SENSORIK

Eine Tasse Spezialitätenkaffee kann (fast) so komplex, vielschichtig und überwältigend sein wie eine Symphonie. Um sie nicht nur genießen, sondern auch analysieren, beschreiben und sich mit anderen über das Erlebte und Wahrgenommene austauschen zu können, muss man – genau wie in der Musik – zunächst eine neue Sprache lernen und üben, sie zu benutzen. Mit ein bisschen Übung und Erfahrung ist das Verkosten der spannendste und reizvollste Aspekt des Themas Spezialitätenkaffee.

Unsere Sinneswahrnehmung in Worte zu fassen fällt im ersten Moment schwer, dies hat linguistische und neurologische Hintergründe. Zum einen ist unser Wortschatz im Hinblick auf Geschmack eher unscharf; das Wort Apfel zum Beispiel kann eine Vielzahl von Geschmacksassoziationen hervorrufen: verschiedene Apfelsorten, Reifegrade, Verarbeitung etc. Zum anderen werden Geruchsinformationen zwar blitzschnell vom Gehirn verarbeitet, jedoch gelangen die Informationen nicht an das Sprachzentrum, sondern docken an den für Emotionen und Erinnerungen zuständigen Bereich an.

Das liegt vermutlich an unserem Geruchs- und Geschmackssinn, der ursprünglich dazu diente, uns vor Gefahren zu warnen und vor Vergiftungen zu bewahren. Daher gewöhnt man sich schnell an einen Geruch. Sobald das Gehirn ihn identifiziert und als ungefährlich eingestuft hat, verwendet es keine weitere Energie mehr auf die Beschäftigung mit einem bestimmten Aroma.

Unsere gustatorische Wahrnehmung verbindet das ortho- und retronasale Riechen mit dem Schmecken über die Zunge. Die Zunge erkennt die Basisgeschmäcker süß, sauer, salzig, bitter und umami; neuerdings sind auch Fett und Stärke als Basis von Geschmack in der Diskussion. Scharf ist kein Geschmack, sondern Schmerz. Außerdem fühlt und tastet die Zunge. Den weitaus größeren Anteil am Schmecken macht das Riechen aus, und zwar nicht nur beim Einatmen in die Nase, sondern auch durch das Verteilen des Kaffees auf der Zunge und das Einatmen in den Rachen. Flüchtige Aromastoffe erwärmen sich im Rachenraum und gelangen über das Eustachische System (Rachen-Nasen-Verbindung) an die Geruchsrezeptoren der Riechschleimhaut in der Nasenhöhle. Die Informationen gelangen über das zentrale Nervensystem ans Gehirn, wo sie weiterverarbeitet werden und zu einer Reaktion führen.

Über die körperliche Wahrnehmung hinaus ist Geschmack geprägt durch genetische Disposition, kulturelle Unterschiede, Erfahrung und Erwartung. Ob wir etwas als gut oder schlecht beurteilen, hängt häufig damit zusammen, ob unsere Erwartungen erfüllt werden. Ungewohnten, in diesem Fall neuen Geschmackserfahrungen, steht der Mensch zunächst meist skeptisch gegenüber.

Sensorik ist das wichtigste Kontrollinstrument, um einen Kaffee zu bewerten, denn im Geschmack spiegeln sich alle Prozesse vom Anbau bis zur Zubereitung wieder.

Das sogenannte **Cupping** ist die systematische Bewertung der Aroma- und Geschmacksmerkmale einer Kaffeeprobe. Dessen Ablauf sowie die Beschreibung und Bewertung eines Kaffees ist international standardisiert und wird überall auf der Welt, beim Kaffeeproduzenten, bei den Händlern, Röstern und bei den Baristi, angewendet. Die Beschreibung erfordert etwas Übung; hilfreich sind Instrumente wie ein Aromarad sowie der Austausch mit erfahrenen Verkostern (Cuppern).

Cupping im Ursprungsland – das roestbar-Team in Nicaragua.

Folgende Kategorien werden bewertet:

- **Duft** (Fragrance: trockenes Aroma; Aroma: aufgegossen): gibt Aufschluss über die Frische der Probe sowie den prinzipiellen Charakter eines Kaffees; sollte intensiv, komplex, positiv und einfach zu identifizieren sein

- **Flavor** (charakteristischer Geschmack): sollte intensiv, komplex, positiv und einfach zu identifizieren sein

- **Aftertaste** (Nachgeschmack): sollte positiv, sauber (Qualität) und langanhaltend (Intensität) sein

- **Taste** (Basisgeschmack): Ausrichtung des Kaffees, die über die Zunge wahrgenommen werden kann: süß, sauer, salzig, bitter etc.

- **Acidity** (Säure/Acidität): bewertet werden Intensität, Qualität und Charakter (z. B. lactic, citric, malic, tartaric, phosphoric, quinic); sie sollte den Charakter einer reifen Frucht haben und die Süße eines Kaffees unterstützen

- **Sweetness** (Süße): die natürliche Süße des Kaffees ist ein wichtiges Merkmal eines hochwertigen Kaffees

- **Body** (Körper/Mundgefühl): physikalische Eigenschaften des Kaffees, die mit der Zunge ertastet werden: Viskosität (Fließeigenschaft), Textur, Gewicht, Adstringenz

- **Balance**: Zusammenspiel der einzelnen Komponenten, vor allem Süße, Säure, Bitterkeit, aber auch Body, Flavor, Aftertaste; die Komponenten sollten harmonieren und sich gegenseitig komplementieren; der Kaffee sollte im Verlauf des Abkühlens stabil bleiben

- **Clean Cup** (Reinheit/Saubere Tasse): sollte transparent und sauber sein, d. h., keine Defekte aufweisen

- **Overall** (Gesamteindruck): abschließendes Urteil, eine persönliche Note ist erlaubt

DIE DURCHFÜHRUNG EINES CUPPINGS

Ein Cupping ist eine ausgezeichnete Möglichkeit, sich intensiver mit dem Potenzial von Kaffee und mit der eigenen Genussoptimierung zu beschäftigen. Die professionelle Degustation zur Qualitätsprüfung und -bewertung ist auch eine spannende Herangehensweise, um mit anderen Kaffeeinteressierten Austausch zu pflegen. Jedes Cupping sollte in einer möglichst neutralen Umgebung stattfinden, und die Cupper sollten während der Verkostung nicht miteinander sprechen, um eine gegenseitige Beeinflussung zu vermeiden. Zudem sollten sie kein Parfum und keine intensiv duftenden Seifen und Cremes benutzen. Erkältungen schränken das Geschmacksempfinden ebenfalls ein. Im Anschluss an die Verkostung darf man sich rege austauschen. Das kann ein großes Vergnügen sein!

Cupping Lab: Vorbereitung der wöchentlichen Qualitätskontrolle in der roestbar-Kaffeeschule.

Entscheidend sind die jeweils vergleichbaren und beständigen Parameter der Zubereitung der verschiedenen Kaffeeproben. Den Kaffee jeweils direkt in die Cuppinggläser/-schalen mahlen, Grundlage sind 12 g für 200 ml Wasser bei grobem Mahlgrad. Bestenfalls fünf Proben pro Kaffee aufgießen, um eine Tassengleichheit überprüfen zu können. Nun schon am Kaffeemehl riechen und individuelle Eindrücke sowie die Intensität notieren. Der Fachbegriff für diesen Teil lautet **Fragrance**. Jetzt das 93 °C heiße, aber nicht kochende Wasser auf das Kaffeemehl gießen, bis das Gefäß ganz voll ist, denn das Kaffeemehl muss komplett benetzt sein.

Den Aufguss vier Minuten (Kurzzeitmesser verwenden!) ziehen lassen, währenddessen riechen und Eindrücke notieren, Fachbegriff: **Aroma**.

Die Kruste mit einem speziellen Cuppinglöffel (sie sind wie große, tiefe Esslöffel angelegt) in drei großzügigen Bewegungen brechen. Während des Brechens kann das Gesicht schon nah an der Tasse sein, um direkt zu schnuppern! Der Kaffeesatz sinkt nun zum Gefäßboden – jeder Kaffee kann nur einmal aufgebrochen werden!

Kruste brechen.

Evaluation des Aromas.

Abschöpfen des Schaums.

Mit zwei Cuppinglöffeln nun den beigefarbenen Schaum abschöpfen. Danach das Ganze zehn bis zwölf Minuten abkühlen lassen – gemessen wird dieser Zeitraum mit Beginn des Aufgießens.

Nun den Kaffee möglichst schnell und geräuschvoll aus dem Löffel schlürfen – der Kaffee kann wie bei einer Weinprobe wieder ausgespuckt werden. Die Eindrücke sofort notieren. Bei 70 °C werden **Flavor** und **Aftertaste** bewertet, bei 40 °C **Acidity** und **Body**, bei 25 °C **Balance** und **Overall**.

Wichtig ist es, zwischen den Proben den Löffel in einem Glas mit sauberem, heißem Wasser zu reinigen und die Veränderungen während des mit Gradzahlen angegebenen Abkühlens einzeln zu vermerken. Sehr hilfreich für die Benennung der Eindrücke ist das Flavor Wheel. Geschmack, Nachgeschmack, Säure, Körper, Ausgewogenheit sind Faktoren; die einzelnen Kategorien sollten objektiv bewertet werden. Erst zum Ende hin (Overall) zählt der individuelle Gesamteindruck. Erfahrene Cupper vergeben Punkte in den einzelnen Kategorien und kommen so zu einem vergleichbaren Gesamtergebnis. Cuppings werden in Kaffeeschulen und ausgesuchten Röstereien angeboten, häufig im Zusammenhang mit Barista-Kursen.

Höchste Konzentration beim Verkosten.

Kaffeegenuss und Kaffeehaus-kultur

Kaffeegenuss – das Zuhausegefühl

Allein oder in Gesellschaft – Kaffeetrinken ist Genuss und für viele von uns ein lieb gewonnenes Ritual. Guter Kaffee ist kein Zufall, die besondere Situation, in der wir genießen, aber auch nicht. Und egal, ob der perfekte Espresso – der „God Shot" – im Stehen oder die große Kanne Kaffee in munterer Runde und aus dem feinsten Porzellan an der festlich geschmückten Tafel genossen wird: „Der Kaffeemoment" hat viele Gesichter.

Kaffeerituale – sie gehören zu den besonderen Genussmomenten, die immer wieder zitiert werden, wenn Menschen nach ihren Lieblingsaugenblicken gefragt werden. Dann geht es um den allerersten Schluck am Morgen, um mit beiden Händen umschlossene Kaffeebecher, die wieder und wieder genutzt werden, weil sie schon als Gefäß einfach ein vertrautes Gefühl vermitteln. Es geht um Liebesbeweise, die vom Herzensmenschen in den Milchschaum gezaubert werden, und vieles mehr. In Zeiten, in denen wir unseren Spezialitätenkaffee individuell genießen und auch variieren, in denen wir zwischen Zubereitungsarten wählen und dafür mit Handwerkszeug experimentieren, gestalten wir auch die Rahmenbedingungen bewusst, die unsere persönlichen Kaffeemomente perfektionieren. Die Frage etwa, ob die Kaffeespezialität aus dem Glas, aus Omas Sammeltasse oder aus einem Keramik-Mug genossen wird: Geschmackssache! Ob wir die Bohne mit oder ohne eine Prise Zucker, mit einem Schluck Milch (gleich welcher Art, je nach Voraussetzung) oder gar Sahne, begleitet von Schokolade, Keks, Kuchen oder Stulle mögen: Keine Regel könnte so stark sein wie die, das Passende für sich und den jeweiligen Augenblick zu finden. Sich selbst und anderen ein guter, aufmerksamer Gastgeber zu sein, das ist dabei das vordringliche Ziel. Wir empfehlen: Beständigkeit und Experimentierfreude zugleich. Beides ist toll: Den vertrauten Kaffee nach dem erprobten Ablauf zu Hause aus dem Lieblingsgefäß genießen? Klasse. Eine neue Spezialitätenkaffeemischung und noch unbekannte Zubereitungsarten ausprobieren, dabei vielleicht auch mal ein fast vergessenes Tässchen wieder herauskramen oder eine ganz ungewohnte Leckerei dazu verzehren? Klar! Erlaubt ist, was gefällt. Vielleicht ja jeden Tag etwas anderes.

Outdoor – Kaffee auf Reisen

Wer auf Reisen geht, verlässt die Komfortzone, um Neues zu entdecken. Er bewegt sich bewusst auf andere, noch unentdeckte Erfahrungen zu. Das kann natürlich auch für den persönlichen Kaffeegenuss gelten. Denn einen Versuch sind die Kaffeebohnen-Sortimente der Gastgeberländer und auch ihre Zubereitungsunterschiede definitiv wert! Wer lieber ein Stück Zuhause mitnimmt, der packt vielleicht eine Handmühle und seine Lieblingsbohnen ein, um in der Ferne Vertrautes zu haben …

Wer viel reist, kann viel erzählen. Und bringt vielleicht sogar Alltagsinspiration mit. Egal, ob es die Kaffeerituale ferner Länder, die Herausforderungen ungewohnter Gerätschaften in den Ferienwohnungen am Urlaubsort oder die Klippen des Kaffeekochens beim Camping sind: Immer zählt, dass das individuelle Herangehen zu besonderem Genuss führen kann. Und auch den Effekt, dass „kein Espresso jemals wieder so gut schmeckt wie der von dem charmanten Barista in der italienischen Kaffeebar zubereitete", kennt jeder von uns. Kaffee ist eben produkt- und materialabhängig, aber auch zutiefst menschlich und situativ. Das Wechselspiel von „Neues wagen" und „Vertrautes schätzen" kann stufenlos variiert werden. Wie wäre es etwa mit dem Lieblingskaffee aus der Heimat, unter freiem Himmel in der Natur mit der Handmühle gemahlen, mit Bergquellwasser und Herdkännchen zubereitet, bei Sonnenaufgang vor dem Gipfelpanorama genossen?

Inspirieren kann auch die Bilder- und Contentsuche im Internet. Gerade in den Sozialen Medien hat sich eine große und länderübergreifende Coffee-Community gebildet, die ihr Wissen, ihren Genuss und damit auch ihre Kaffeeverbundenheit mitteilt. Auf der Bilderplattform Instagram etwa führen uns Schnappschüsse und kunstvoll arrangierte Szenen zu Kaffeeexperten und Kaffeegenießern in aller Welt. Hashtags wie #coffeelover #coffee #butfirstcoffee #instacoffee #dailycoffee #baristdaily #coffeegram #coffeeporn oder auch #kaffee #kaffeepause #kaffeeliebe #kaffeehaus zeugen von der Gemeinschaft Gleichgesinnter über Grenzen hinaus. Kaffee verbindet – auch auf diese Weise.

Kaffee – gerne in Begleitung!

Kaffee kommt selten allein. Für die meisten von uns gehören weitere Faktoren zum gelungenen Kaffeemoment. Auch wenn die Kombination von „Kaffee und Kippe", also der Zigarette zur Kaffeepause, kaum noch gesellschaftsfähig scheint, „Kaffee und Musik" oder „Kaffee und Süßes" scheinen feste Einheiten zu bilden, „Kaffee und Lektüre" (oder heute „Kaffee und Smartphone?") sowieso.

Zum Kaffee gehören nicht nur seine Begleiter, Kaffee ist auch selbst ein solcher. Ganze Scharen von Geschäftsfrauen, jungen Vätern, eiligen Reisenden und anderen Coffeelovers sind im Stadtbild mit einem To-Go-Becher als scheinbar ständigem Begleit-Buddy zu beobachten. Wer keine Zeit findet, sein Getränk in der stylishen Kaffeebar, beim Lieblingsbarista oder im gemütlichen Kaffeehaus zu genießen, freut sich über ausgesuchte Qualität zum Mitnehmen. Berechtigterweise sind in den vergangenen Jahren die zum lässigen Accessoire gewordenen To-Go-Becher aus ökologischen Gründen in Verruf geraten. Zusammenschlüsse von Bäckereien, Gastronomie und anderen Anbietern setzen inzwischen auf Pfandbechersysteme oder (wie die münstersche roestbar) auf To-Go-Becher und -Deckel aus biologisch abbaubarer und kompostierbarer Maisstärke. Einige Caféhausbetreiber in Metropolen belegen ihre To-Gos auch mit einem Preisaufschlag, frei nach dem Motto: „Bleib doch hier für Deinen Kaffee – im To-Go-Becher kostet er Dich 50 Cent mehr, die wir an ein soziales Projekt spenden." Auch eine Lösung. Zu diesem Thema dürfen wir sicher noch viele spannende und hoffentlich auch viele nachhaltige Entwicklungen erwarten.

Kaffeehauskultur – damals und heute

Sie sind eine Institution: Traditionelle Kaffeehäuser sind aus den europäischen Großstädten, allen voran aus Wien mit seiner legendären Kaffeehauskultur, nicht wegzudenken. Diese Orte sind schon immer mehr als reine Gastronomie, sie sind und waren Künstlertreffs, Begegnungsstätte, Ort für Dates, Wohnzimmer und Coworking Space, Pausenraum und Oase für Genießer.

Die Wiener Kaffeehauskultur ist nicht nur Ausgangspunkt für eine Ära und echte Tradition, sondern seit 2011 auch ein offizieller Teil des immateriellen Kulturerbes der UNESCO. Damit verbunden ist die Besonderheit, dass das stundenlange Verweilen mit Zeitungen, Literatur und Gesprächen schon früh das gesellschaftliche Leben prägte, dass Stamm-Kaffeehäuser zu festen Orten der Zusammenkunft von Intellektuellen, Literaten und Künstlern wurden. Vielleicht liegt schon hier die starke Verbindung von „Kaffee und Kreativität" sowie „Kaffee und Kommunikation" begründet?

Urkundlich erwähnt sind erste Kaffeehäuser in Oxford, London, Marseille, Amsterdam, Den Haag, Paris, Bremen (!) und Wien (alle zwischen 1650 und 1685). Sie prägen das gesellschaftliche, kulturelle und politische Leben. Sie galten als Begegnungsort, unabhängig von Alter und Stand; Kaufleute nutzen sie als „Außenstelle" für Verhandlungen und als externen Konferenzraum. Auch heute umgibt die Kaffeehäuser rund um den Globus ein besonderer Zauber. An den Slowbars beobachten wir das behutsame Zubereiten unserer nächsten Kaffeespezialität, wir lassen uns von kundigen Baristi die zu erwartenden Aromen der wählbaren Bohnen, Röstungen und Zubereitungsarten erläutern und schauen ihnen bei ihren versierten Handgriffen zu. Zwischen Siebträger und Dripper entsteht eine Gemeinschaft von denjenigen Verbündeten, die Kaffee und Gastfreundschaft mögen, das Produkt und auch das Handwerk schätzen, die an Service und Zugewandtheit, Individualität und Genussqualität glauben und ihre Begeisterung hier teilen. Ein gutes Kaffeehaus kann verlassene Plätze zum Leben erwecken und lebt vom Geben und Nehmen, und auch die Gäste tragen ihren Teil dazu bei. Sie sind bereit, sich Zeit zu nehmen und diese in guten Kaffee zu investieren – und dabei die Seele baumeln zu lassen. Im Gegenzug erfüllen sie das Kaffeehaus mit Leben.

Das Kaffeehaus – ein Ort der Inspiration

Individualität ist für erfolgreiche Kaffeehausbetreiber wie Sandra Götting und Mario Joka der Schlüssel für das, was ihre Gäste lieben. Abgesehen von den exzellenten Kaffeespezialitäten sind es vor allem die vielen kleinen Details, die den Charakter eines solchen Ortes ausmachen. Ein Standardrezept gibt es nicht, finden die roestbar-Betreiber, aber einige Zutaten liegen auf der Hand.

Jede roestbar ist anders. Und in diesem, die innerbetrieblichen Abläufe ganz sicher nicht vereinfachenden Konzept liegt vielleicht das Geheimnis des Erfolgs der fünf Kaffeehäuser in Münster. Details akzentuieren das jeweilige Profil. Frische Blumen etwa. Und die sucht nicht etwa Woche für Woche derselbe Mitarbeiter im Großmarkt für alle Standorte aus. Nein, die jeweilige Frühschicht eines jeden Cafés darf mittwochmorgens zuerst zum Wochenmarkt laufen und nach eigenem Geschmack die Blüten und Stiele für die kleinen Tischvasen zusammenstellen. So ist es immer eine Überraschung, was uns in dieser oder jener roestbar gerade blüht. Dasselbe gilt für die dezente Hintergrundmusik: mal sanfter Jazz, mal belebender Balkanpop, mal Klassik oder auch mal Charts: Das entscheiden die mit Herz und Erfahrung von Sandra Götting ausgewählten Kolleginnen und Kollegen, die bei ihren Diensten auch keinem Dresscode unterliegen.

Wohlfühlen sollen sie sich, einfach so sein, wie sie sind, dann tun es die Gäste auch. Ein gemütliches Interieur, das zur jeweiligen Architektur passt, richtig gute Zeitungen und Zeitschriften, Kerzenschein im Winter und viele kleinere Lichtquellen gehören für das roestbar-Team ebenso dazu wie eine lebendige und saisonale Auswahl an Köstlichkeiten auf der Karte. Die eigene Konditorei für die Belieferung der roestbar-Kaffeehäuser zu eröffnen etwa folgte dem Wunsch, flexibel agieren zu können und die Kunden im Rahmen der selbst gesetzten Standards immer wieder neu zu überraschen und zu überzeugen. Mit Tartes, mit Panini, mit Energy-Balls, mit Smørrebrød, selbst geröstetem Müsli oder deftigen Stullen – der Phantasie sind keine Grenzen gesetzt. Und weil ein gutes Kaffeehaus ein Ort der Inspiration ist, ändert sich dort auch immer mal etwas: Der Ort wächst mit der Veränderung der Gesellschaft, der Vorlieben, der Kaffeetrends, der Gäste.

Die Lightray roestbar – ein ganz besonderes Café

In den fernen Anbauländern am Kaffeegürtel unseres Erdballs sind Kaffeehäuser eher eine Rarität. Dass in Gulu, Uganda, aber tatsächlich eine original roestbar zu finden ist, hat eine hier kurz erzählte Geschichte, die den Weg des Kaffees und damit auch den Erzählstrang dieses Buches auf besondere Weise abrundet.

roestbar-Gründerin Sandra Götting stieß eigentlich eher zufällig auf den 2010 gegründeten Verein Lichtstrahl Uganda. Sie wollte zum roestbar-Jubiläum einen Teil ihres Unternehmenserfolgs in Form einer Spende zurückgeben – in ein Ursprungsland ihres Produkts. Aus einer Auftaktspende erwuchs ein kontinuierliches Engagement, denn den roestbar-Betreibern war es wichtig, dauerhaft und konkret zu helfen. Sie wollten mit den Spenden vor allem auch Hilfe zur Selbsthilfe ankurbeln – mit dem roestbar-Café vor Ort in Gulu ist das auf besondere Weise möglich. Für Sandra Götting und Mario Joka ist es eine gerne geleistete unternehmerische Pflicht, der Erde mit Respekt zu begegnen und in ihre Zukunft zu investieren. Das Hoch-Malaria-Gebiet rund um Gulu aktiv mitzugestalten ist für die beiden ein wichtiger Schritt dabei. Durch das roestbar-Engagement vor Ort fließt etwas dorthin zurück, wo das wächst, wovon die „roestbar-Familie" lebt. Götting und Joka spendeten das komplette Caféhaus, eine Latrinenanlage, eine Espressomaschine (exakt so, wie sie auch in den münsterschen roestbars zu finden ist), Ausstattung wie Geschirr, die Solarversorgung, einen Zaun um das Grundstück herum, das monatliche Gehalt für einen Wachmann sowie einen Teil des täglichen Cafébedarfs. Der „Lightray roestbar Coffee Shop" wurde 2015 in Betrieb genommen – Sandra Götting reiste damals mit einigen Mitarbeitern des roestbar-Teams zur Schulung der Kollegen vor Ort an. Die liebevoll ins Unternehmenskonzept integrierte „roestbar sechs", das Kaffeehaus in Gulu, ist nun Treffpunkt, Anlaufstelle, Kommunikationszentrale, Arbeitsplatz, lokale Einnahmequelle und ein Ort der Hoffnung. Götting und Joka sind wild entschlossen, hier weiter zu fördern. Sie sammeln in ihren Caféhäusern in Münster kleine Spenden der Kunden und lassen selbst ebenfalls Monat für Monat über Lichtstrahl Uganda e.V. runde Summen nach Gulu fließen, jeder Cent kommt ohne Abzug direkt an. Dort, wo der Kaffee wächst, den wir hier genießen und dessen Weg dieses Buch beschreibt, ist er nun zugleich die Quelle neuer Kräfte für das Urspungsland. Kaffeeliebe international, Hilfe von Bohne zu Bohne, von Hand zu Hand. Beeindruckend unkompliziert.

Teamschulung: Mario Joka erläutert Funktion und Wartung der Espressomaschine.

Eine Herzensangelegenheit: Mit der roestbar in Gulu werden Arbeitsplätze geschaffen. Sie ist ein Ort der Hoffnung und Begegnung.

Auszeichungen der roestbar

2018	Feinschmecker-Auszeichnung: „Landessieger: Beste Rösterei in NRW"
2016	Barista Weltmeisterschaft (WBC) in Dublin Halbfinale/Platz 10: Erna Tosberg
2016	Feinschmecker-Auszeichnung: „Die besten Röster in Deutschland"
2015	Deutsche Barista Meisterin: Erna Tosberg/Team roestbar
2014	Fizzz Award: Kreativstes Café-Konzept
2014	Feinschmecker-Auszeichnung: „Diese Rösterei wird im Café Guide vom Feinschmecker empfohlen"
2014	Barista Weltmeisterschaft (WBC) in Rimini Halbfinale/Platz 12: Erna Tosberg
2013	Deutsche Barista Meisterin: Erna Tosberg/Team roestbar
2013/2014	Coffee Shop Award: Auszeichnung der Fachzeitschrift Coffee Business
2012	Feinschmecker-Auszeichnung: „Die besten Adressen in Deutschland"
2011	Feinschmecker-Auszeichnung: „Die besten Röster in Deutschland"
2009	Gründerpreis NRW „Wir machen Gründer groß" – Wirtschaftsförderung NRW
2008	Nominiert für „Stores of the Year 2008"

Bildverzeichnis

Daniel Witte/wattendorff.com: Cover, 66, 86, 92/93, 96/97, 100, 103, 105, 106, 108/109, 110, 112/113, 116/117, 118/119, 120, 121, 124, 126/127, 129, 131, 132, 134, 135, 136, 137, 138, 139, 140, 142, 143, 144, 145, 146, 147, 150, 151, 152, 153, 154, 155, 156, 157, 158, 159, 161, 162, 163, 164, 165, 166, 168, 169, 170, 171, 172, 173, 174, 176, 177, 178, 184, 185, 186, 187, 200, 201, 202, 204, 205, 206/207, 208, 209, 210, 211, 213, 214, 215, 216, 217, 219, 220, 221, 222, 226, 227, 228, 229, 230, 232, 234/235, 236, 237, 239, 241, 243, 248, 249, 250, 251, 269, 270, 272, 274/275, 276, 280/281

roestbar: 8/9, 14, 34/35, 38, 39, 40, 41, 42, 43, 44/45, 46, 47, 49, 50, 53, 54/55, 56, 57, 58/59, 60, 61, 62, 63, 64, 65, 75, 76, 86, 242, 246, 254/255, 259 unten, 283, 284, 285

Andreas von der Heyde: 11, 17, 19, 20, 21, 22, 23, 24, 25, 26, 29, 32, 71, 77, 78, 79, 80, 81, 82, 83, 84, 85, 87, 88/89, 91, 93, 94, 180/181, 188, 224/225, 244, 245, 247, 264, 271

Mathias Haupt: 31, 192/193, 195, 197, 199, 231, 257, 258, 259 oben links, 259 oben rechts, 260, 261, 262/263

Pixeltoo/Petr Dlouhý via Wikimedia Commons: 37

Café Imports: 52

Mojo to Go: 99

Atstock Productions/Shutterstock.com: 233

Christian Seidelmann: 267